# 当代大学生责任感培育实践与探索研究

赵静 著

吉林文史出版社

**图书在版编目（CIP）数据**

当代大学生责任感培育实践与探索研究 / 赵静著
. -- 长春：吉林文史出版社，2023.8
ISBN 978-7-5472-9694-3

Ⅰ.①当… Ⅱ.①赵… Ⅲ.①大学生－社会责任－责任感－教育研究－中国 Ⅳ.① G641.6

中国国家版本馆 CIP 数据核字 (2023) 第 168780 号

当代大学生责任感培育实践与探索研究
DANGDAI DAXUESHENG ZERENGAN PEIYU SHIJIAN YU TANSUO YANJIU

著　　者：赵　静
责任编辑：刘姝君
出版发行：吉林文史出版社
电　　话：0431-81629369
地　　址：长春市福祉大路 5788 号
邮　　编：130117
网　　址：www.jlws.com.cn
印　　刷：河北万卷印刷有限公司
开　　本：710mm×1000mm　1/16
印　　张：12.75
字　　数：220 千字
版　　次：2023 年 8 月第 1 版
印　　次：2024 年 1 月第 1 次印刷
书　　号：ISBN 978-7-5472-9694-3
定　　价：78.00 元

# 前　言

　　责任感是成就人生的基础，也是人们担负时代使命的基础。青年作为整个社会中最积极、最有生气的力量，应在使命感的驱使下，凭借其创造力、想象力，成为国家、民族发展的主力军，成为时代责任的担当者。大学生作为青年群体的重要组成部分，是民族和国家的未来，担负着振兴民族的重任。培育大学生的责任感既是大学生个人全面发展的需要，更是时代发展的要求。

　　本书首先概述了责任与责任感的基础理论；其次对大学生责任教育进行论述，包括责任教育的概念与机理、责任教育的设计与实施、大学生责任意识的培育；接着阐述了当代大学生道德责任的培育的内容与路径，对当代大学生社会责任的培育进行研究，并对当代大学生进行详细分析，然后对当代大学生自我责任感的培育进行论述；最后对新媒体下大学生责任感的培育进行探索和总结。笔者在编写本书过程中得到了很多专家、教授的帮助，在此表示衷心的感谢。由于大学生责任感的培育涉及内容广泛，加之时间仓促，书中不足之处在所难免，恳请各位同行专家和读者不吝指正。

赵静

2023 年 6 月

# 目　录

# 第一章
## 责任与责任感基础理论

# 第一节　认识责任与责任感

## 一、认识责任

### （一）责任的含义

通过研究众多学者对于责任的阐释，我们可以大致将责任的含义分为以下两个方面。一方面是个人基于一定的社会关系和自身的社会角色需要遵循的义务。这里的义务不是指受法律约束和道德规范的义务，而是出于个人的自觉主动的认识。另一方面是个人为自己行为活动所带来的问题承担一定的后果。按照客体的不同，责任可以分为对自然的责任、对社会的责任和对家庭的责任。责任是一个民族赖以生存和发展的源泉。责任是指一个人作为社会人，对他人、对家庭、对社会、对自然等必须承担的基本法律义务和必须履行的道德要求。在现实社会中，我们应更清楚地认识到人生在世，不应只追求金钱、荣誉、地位，贪图享乐，更重要的是勇于承担起作为社会人的责任。任何人离开了社会，离开了与他人的交往都将寸步难行。因此，在与周围世界发生复杂关系的过程中，每个人都是索取者、受益者，也都应当是付出者、奉献者。要建立一个人人皆知索取、受益，一个人人皆知付出、奉献的社会，就要求社会中的每个个体都能遵守社会规则，承担社会责任。对当代大学生来说，更是如此。

首先，责任是一种内化的思维方式和行为规范。在做一件事情时，从接受到做完，责任贯穿整个过程，伴随人的始终。责任是一种与生俱来的使命，在思想上、心理上和行为上都体现出不容推辞、不容忽视、毋庸置疑的特点。其次，责任就是根据道义准则进行价值判断。个体以规范或准则对他人、自己和社会的行为及结果做出价值判断，从而规范责任主体在现实生活中自觉行为的选择。最后，责任就是个体通过对行为、事件的特定倾向和主观约束意图对要做的事情进行判断，使事情的结果往好的方向发展，即判断做这件事情是否符合法律规范、是否违背道德、是否会受到舆论的谴责等，从而尽量推动这件事往好的方向发展，并根据不同的结果，感受到愉悦感、满足感、成就感或内疚感、负罪感等。

此外，我们还可以这样来认识责任：社会是由全体社会成员组成的，因此，保证社会和谐、健康、稳步发展所需要完成的各项任务必须由全体社会成员来共同承担；责任是社会成员根据社会需要和个人能力确认的自己应当承担的社会任务；每个社会成员根据所处的社会经济关系和社会关系，经过理性思考和自由选择，自觉自愿地承担和履行的任务就叫责任。

责任不是平均分配的，也不是固定不变的。责任是随着行为主体"扮演"角色的变化而变化的，责任永远和角色联系在一起。个人扮演的角色越多，相应承担的责任也就越多；个人扮演的角色地位越高，相应承担的责任也就越大。责任分配的依据即角色分配的依据，只能是行为主体的认知能力和责任实现能力。

行为主体一旦认同责任，就会产生强烈的责任感，责任就会成为他自己的内心信念和自觉行动。特别是人们认同关系人类历史命运的重大责任以后，就会产生远大的理想、强烈的历史责任感与巨大的内在驱动力，这些会促使行为主体积极顽强地履行责任。而且，自觉自愿地履行责任和被动完成任务是不同的。责任是行为主体意志自觉的道德规范，任务是外力要求主体完成的工作任务，有时任务可以转化为责任，有时责任和任务是同一的。

## （二）责任的特点

### 1. 责任的客观性与主体性

人民群众是社会历史的主体，是历史的创造者，所以人对历史的发展负有不可推卸的责任。但是，历史不是人随心所欲创造的，它有一定的客观规律。责任不是所谓的"上帝"赐予的，也不是由个人意愿决定的，而是由社会历史的客观存在决定的。

简而言之，责任是人之为人的本质规定，是社会对人的一种规定和赋予人的一种使命。人们在社会实践中，客观上必然会承担一定的任务、使命，受到规定的约束，这是社会发展对现实中的人的客观要求，原因是社会发展需要遵循客观规律，个体需要在尊重客观规律的前提下主动参与。

责任的主体性体现在两个方面。其一，责任主体具有独立人格。正是由于人格的独立性，主体才能具有独立选择行为的能力，并对行为选择的结果承担应有的责任。当然，那些法律上认定的无民事行为能力人或者限制民事行为能力人，他们不具有独立选择行为的能力，就根本谈不上对自己的行为负责。从这个角度说，任何责任都是由某一主体承担的，任何责任都是某一主体的责任。没有脱离主体的责任，脱离主体的责任是不存在的，否则就会陷入唯心主义。其二，责任是对主体行为的自主管控。责任的主体性表现为人要对自己的行为选择负责。原因是人有自主管理能力、自觉认知能力和自我决定能力，可以主动规范个体活动目标的方向性以及实现目标过程中的科学性，避免因违反客观条件与规律而造成负面影响或不良后果。可见，人在自觉承担责任的过程中成为行为的主体，也成为主体的人。

2. 责任的社会性与实践性

处在一定历史条件下和一定社会关系中的人必然受到客观条件的制约，这就体现出社会对人的客观要求与规定，而这种客观要求与规定就是我们所说的"责任"。人是社会性的人，人不能脱离社会而存在，责任是社会对人的客观要求，任何人都要承担一定的责任，社会性就成为人和责任的内在规定性。责任与实践紧密相连。不同的社会生活有着不同的复杂社会关系，便就有了个体需承担不同的责任。责任来源于人们的生活实践，责任的理论研究也是为了完善责任制度和提高人们的责任感。

从我国古代传统伦理中可以看出，人伦关系规定了人的具体责任，特别重视个人践履承诺的重要性，这体现出责任具有鲜明的实践性，并且责任与实践是联系在一起的。

3. 责任的选择性

人们的责任行为会受到个体价值观的指导，能否履行责任、承担责任的大小等问题都会受到价值观的影响，而且价值观的正确与否也影响到个人能否承担责任。正确、科学的价值观会使人积极履行责任，而错误的价值观则会让人消极怠慢而逃避责任。所以，能否承担责任取决于主体的价值观正确与否，责任行为就是主体的价值选择，责任具有个体独特的选择性。

每个人在生命历程中，为了实现一个个目标，总是会面临各种各样的选择，每一次选择都需要理性指导，其中责任在理性中发挥着重要作用。它总是指导人们在实现目标的过程中不断修正自己的行为方向。人们常说的"过犹不及"其实就体现了人总是根据不同的时间和境遇做出适当的调整和选择。个体有明确的责任意识，在采取行动前对行为可能导致的后果有初步的预测，就可以适度调整行为，避免不良后果的发生。

4.责任的强制性与自律性

责任是社会外在规范对个体或群体提出的要求，并不是所有个体都能自觉认同并自愿遵守的。责任的强制性是指主体做出行为选择是来源于外部规范（包括道德规范和法律规范）对自身的制约，具有外在强制性，属于他律的范畴，主要通过内容约束、制度约束以及追究或惩罚不负责任的行为表现出来；而责任的自律性是指主体自觉自愿地接受外部规范的条件，并主动把外部要求内化为自觉的行动，属于自律的范畴，表现为自觉自愿应当做的事，而不以谋取相应的报偿为条件。

责任的强制性与自律性既对立又统一，是一个矛盾的统一体。责任的自律性是指必须对外部社会规范有一定的认知，这样才能实现自觉遵守或认同，把被动的服从变成主动的律己，把外部的规范变成自主的行动；如果没有外部的社会规范和要求，主体就谈不上对行为负责，就会导致主体缺乏责任感或者放弃责任；责任的强制性一旦离开责任主体对外部规范的认同与自觉遵守，就无法得到落实。

## （三）责任的分类

由于对责任内涵的理解不同，不同时期对责任的解释不同，不同学科对责任的侧重不同，所以责任的划分类型也就不同。

### 1.根据承担的内容分为法律责任、道德责任

法律责任与法律义务是同义词，是人们依法应承担的义务以及因未尽义务或做出违法行为而被迫承担的后果，其特点是被迫付出代价。法律是由国家立法机关制定，由国家司法机关保证实施的，具有强制性。如果不履行法律规定的责任，就要受到相关法律的惩罚或制裁。

道德责任是在社会道德规范要求下应尽的道德义务以及因未尽义务或行为过失而受到的道德谴责，其特点是自愿付出代价。道德责任主要依赖主体对道德规范的自觉认知和行为的自觉选择，强调自觉性。相比而言，道德责任的范围要大于法律责任，它来自社会普通大众共同遵守的风俗、习惯和行为方式。法律往往调节那些较为重大的利益关系，而生活中并非所有的利益关系都需要法律来规定，很多利益关系需要由风俗、习惯等道德规范来调节，包括公共道德、职业道德和婚姻家庭道德等。例如，在公共场所给老弱

病残让座并不属于法律规定的责任行为，但属于道德调节的范畴。

随着社会的发展，法律责任逐步进入社会大众的视野，成为公民最基本的道德底线，设定了公民的基本道德责任与义务。日常生活中，道德责任和法律责任往往是重叠交叉的，在履行法律责任的同时也履行道德责任。凡是法律禁止或制裁的行为，都是道德要谴责的行为；凡是法律要求和鼓励的行为，都是道德要倡导的行为。在道德责任不起作用的时候，法律责任就显得尤为重要。当法律责任得到长期有效的贯彻时，人们的良好行为习惯和社会风尚就自然孕育而成了，法律责任也就转变为了道德责任。尤其是法制不完备的时期，更需要用道德的力量来管理社会。

2. 根据承担动机分为客观责任、主观责任

根据心理学家皮亚杰的儿童道德发展阶段理论，客观责任是指依据行为的物质后果或者行为满足规则的程度来评价主体的道德行为，并非依据行为的动机，在性质上属于他律。例如，儿童对成人的命令和道德规则的绝对服从就是一种典型的客观责任。主观责任是指依据行为者的主观动机评价道德行为，在性质上属于自律。当个体的道德判断能力达到一定水平，并且个体能够把道德规范内化为一种自觉的行为选择时，所体现出来的就是主观责任。从儿童道德发展阶段理论来看，个体道德责任的产生是一个从客观责任到主观责任、从他律到自律的连续发展过程。

3. 根据责任范围分为有限责任、无限责任

生活中承担责任的范围有有限与无限之分，有限责任是指个体只承担一定范围内的责任，当责任范围超出个体应承担责任的范围时，个体就不再承担超出部分的责任。例如，登记注册的有限责任公司，其股东和董事会成员就承担明确规定的有限责任。无限责任是指个体承担的责任没有任何限制。生活中的大部分责任都是无限责任。

4. 根据责任的权属形式分为基本责任、升华责任

基本责任就是人们分内应尽的义务以及因未尽义务而承担的后果，是每个人最基本的行为准则。所以，基本责任的内容和范畴比较明确，也便于考核。例如，工作中的基本责任一般与薪水对等，个体承担的责任与获得的薪水是对等的；家庭中的基本责任与一般的最低道德要求相对应。

升华责任是指承担基本责任之后自愿承担的"超额"任务。承担升华责

任完全依靠个人的主动性和自愿性，没有任何外在条件的强制要求。基本责任一般与责任主体的利益、处罚是对等的，具有某种程度的强制性；而升华责任是责任主体主动自愿的任务行为，付出与获得的利益不一定对等，是自身综合素质的展现。例如，员工完成公司分配的工作任务就是承担了基本责任，获得应得的薪水；如果员工超额完成工作任务，就又承担了升华责任，但奖励不一定与薪水对等。

5. 根据责任的追究分为原始责任、转承责任

原始责任是指人们对自己的行为以及经命令或授权后下属所做行为承担的责任。转承责任是指人们对自己行为以外的行为所承担的责任。例如，在建筑工地桥梁垮塌伤人事件中，既有工程施工方的责任，又有对项目负责管理的承办方的责任，其中，施工方对受害者承担原始责任，承办方对受害者承担转承责任。通常情况下，先追究原始责任，再按照规定追究上级单位的转承责任。

6. 根据责任的履行类型分为角色责任、自然责任

角色责任是个体从自己所扮演的角色、所接受的任务以及所认可的协议中分配得来的责任。这是近代社会以来最为常见的履行道德责任的方式。个体在社会生活中总是扮演不同的角色，就需要承担不同的责任，所以角色责任是一种外在的、强制性的责任。在家庭中，有父母养育子女、子女赡养父母的责任；在工作中，有医生救死扶伤、教师教书育人、军人保家卫国等职业责任。每个人正是通过角色责任获得社会的认可，并获得相应的社会地位以及角色资格。否则，就会失去扮演某种角色的资格与权利。

自然责任是个体作为社会存在物承担与个人能力相当的责任。这是人作为人的一种自然责任，是不可取消的、不受社会制度影响的个人应当承担的责任，如助人、行善、仁慈等。它主要依赖个休主动自觉自愿的努力，属于美德伦理。而角色责任是由协议、契约产生的具有外在强制约束力的制度伦理。自然责任具有道义力量，是角色责任的根源，角色责任是自然责任的具体化。

7. 根据责任的指向分为自我责任、家庭责任、社会责任、未来责任

自我责任是指个体对自身所负有的职责和义务；家庭责任是指家庭成员为了家庭生活的和谐稳固所应承担的责任，包括安全责任、情感责任和伦理

责任等；社会责任是指在社会生活中每个社会成员对国家、社会和其他社会成员所应承担的一定职责和义务；未来责任是指我们要对未来负责，包括确保未来人类的存在以及为后代的生活质量负责。

## 二、认识责任感

### （一）责任感的含义

在现代汉语词典中，责任感的定义是"自觉地把分内的事做好的心情。也说责任心"。因此，责任感也称责任心或责任意识，可以理解为个体对自己在承担人类社会和自身发展的责任中做出的行为选择、行为过程及后果是否符合内心需要而产生的情感体验。我们可以通过三个步骤理解责任的含义。首先，责任感体现在个体对自己所要承担的社会责任的行为选择过程中。在这个选择的过程中，所体现的就是个体对责任的认识，对自己所扮演的社会角色所担负的责任的认识。其次，责任感还体现在个体的行为过程当中。在行为过程当中，个体对于事情本身所采取的行为积极与否能充分显示个体责任感的强弱。最后，责任感还体现在个体对自己做出的行为所产生的后果是否主动承担责任的认识当中。

### （二）责任感的内容

责任感是主体对于责任所产生的主观意识，也就是责任在人的头脑中的主观反映形式。它是一个人对自己、他人、家庭、社会以及自然界主动担当使命的一种精神和心理态度，具有能动属性。从本质上看，责任感既要求利己，又要求对事业、他人、国家及社会有利，同时，当个人利益同事业、他人、国家、社会利益发生矛盾时，又应以事业、他人、国家及社会利益为重。人一旦拥有责任感，便拥有了自身驱动的不竭动力，这样才能感受到自我价值及自我存在的意义，也才会赢得他人的尊重与信赖。

责任感是国民素质的重要方面。一个国家的公民有无责任感或责任感强弱都可以在这个国家的精神面貌中清晰地表现出来。伟大的民族往往具有高远的志向、进取的精神、严明的纪律和一丝不苟的工作态度。当这个国家或民族遇到困难和风险的时候，就会有千千万万的人站出来，以奉献和牺牲的精神分担困难、排除风险，这样的民族是不可战胜的。

责任感反映了一个人的精神境界，反映了一个人的思想品德。责任感落实到日常工作中是责任心。所以，我们可以将责任感理解为个体对自己在承担人类社会和自身发展的责任中做出的行为选择、行为过程及结果是否符合内心需要而产生的态度体验；是通过社会的价值观与行为规范内化而形成的，是个体对其所属群体和相应社会角色所承担的义务与过失的认识、情感和行为，是一种既成的心理准备状态或心理倾向性。责任感是对自己职责的感知，也是促成个人道德行为的动力。简单归纳，责任感具有以下特点。第一，动力作用性。责任感会驱使个体去完成自己的任务，履行责任。第二，情境具体性。情景论认为，人们的责任感受制于个人情景中的外在刺激，因而表现出一定的情景具体性。第三，发展阶段性。不同时期个体的义务和过失有所不同，所以赋予责任感不同的内涵。

### （三）责任感的构成要素

作为个体，一个人只有在意识到社会和他人对自己的客观要求，以及自己在满足这些要求的过程中所能发挥的作用时，才会具有"责任感"，进而产生责任行为。也就是说，高度的责任感可以促使人们产生责任行为，自觉承担各种责任。责任感由责任认知、责任情感、责任意志和责任行为这四个核心要素组成。首先，责任认知是"责任感"的前提。责任认知是责任主体对自身不同角色应承担责任的一种认识，是责任感形成的首要条件。责任认知的核心是做出某人对某件事是否应该承担责任、承担什么样的责任以及将会对什么样的结果负责的规定。由于人的角色是随着时空的变化以及所在社会环境的变化而变化的，所以，责任认知是责任主体承担与其角色相对应的责任的理解和领悟。责任认知是责任感形成过程的发端，离开责任认知，就不可能形成责任感。其次，责任情感是"责任感"的基础。责任情感是指责任主体内化自身责任后形成的一种强烈认同感，为个体承担责任提供强大的精神动力。责任情感在责任感的形成过程中显得尤为重要。责任情感来源于认知，随着责任认知的发展逐步形成并不断丰富，同时，情感对认知具有强化作用，能拓展责任的广度和深度。可以说，责任情感使得责任主体加深责任认知，对责任行为起着巨大的调节作用，是责任主体自觉承担责任的强大推动力。再次，责任意志是"责任感"的保障。责任意志是指责任主体在选择承担相应责任的过程中，对于面临的困难和阻碍表现出来的坚强的勇气和毅力。责任意志在责任感的形成过程中起调节作用。只有具有责任意志，才能使责任内化为责任主体自身信念的精神力量，使责任行为持之以恒，如果没有顽强的责任意志，即使有再深刻的责任认知，也难以转化为责任行为。最后，责任行为是"责任感"的归宿。责任行为是责任主体履行自身责任的外在表现，任何责任的实现最终都必须落实到行为这一层面，有无责任行为是衡量一个人是否具有责任感的重要指标。在履行责任的过程中，个体需要通过甄别纷繁复杂的信息，抵制各种不良诱惑，坚守职责，并在日常工作与生活中一以贯之。因此，责任感归根结底是一种以情感为主的较为丰富、复杂的情绪体验，是一种个性心理品质。

# 第二节　培育责任感的理论依据

## 一、责任教育的理论基础

### （一）德谟克利特的审慎快乐主义责任观

古希腊文明是一种理性文明。古希腊时代的文明在哲学发展史上表现为对外部客观世界本源的探索与猜测，主要关注客观世界的存在。德谟克利特是第一个明确地将"快乐"或"幸福"宣布为人的行为标准的哲学家。他认为，快乐和不适构成了"应该或不应该做的事"的标准。除了将"快乐"和"愉快"作为哲学的主要范畴，他又第一次把"责任"纳入人生哲学的研究领域。他认为："应该不是由于惧怕，而是由于义务（责任），不做有罪的事。"在德谟克利特看来，责任就是按照"公正"原则去做自己应做之事。公共利益与公共善是责任的基础，只有以公共利益为出发点，公正行事，才能成为负责的人，才能真正使自己快乐和幸福。德谟克利特以理性化的、审慎的思维方式将责任、公正与愉快联系起来，从而使他的责任思想摆脱了神秘主义，更加贴近生活，更具伦理意蕴。

### （二）西塞罗的实践理性主义责任观

西塞罗在哲学上主要接受了斯多葛学派的观点，主张自然的理性主宰宇宙万物，人只有顺应自然才能得到善与幸福。他以书信体的形式写了一部重要的伦理著作——《论义务》，主要借助斯多葛主义伦理学思想，谈论生活中的一些基本道德准则以及人在社会生活中所应当履行的各种道德责任。西塞罗的实践理性主义责任观在当时尤为突出。他认为，自然赋予每种动物以自保的本能，人则能凭借理性通过思想和有德行的行为履行道德责任，保持符合自然理性的社会秩序，达到道德上的善。他汲取斯多葛学派的观点，认为道德责任有两种：一种是"普通的责任"，它适用范围广，泛指人们普遍应负之责，这种责任的特点在于许多人通过其善良的本性和学识的增进都可以对它有所认识；另一种是"绝对的责任"，它是一种"完满的、绝对的"责任，其特点在于只有具有最完满智慧的人才能达到这种境界，这是一种道德思想。这些道德责任与智慧、正义、勇敢、节制四主德相对应，指需要实现的各种主要社会责任：充分发展并明智地发现真理；保持有组织的社会；树立坚强、高尚、不可战胜的精神；言行稳重，克己而又节制。西塞罗的责任观充分展现了道德责任的实践性和社会性，体现了当时罗马精神务实的含义。

西塞罗在西方公民学说史上首创了"责任公民"理论，主张公民应当发自内心地自愿承担责任和义务，认为每个公民都应该积极为国家、为社会尽一份责任，为公众的利益贡献一份力量。原因在于公民不是为自己而生，国家赋予公民应尽的责任。西塞罗在论述公民责任思想时，继承和发展了斯多葛学派的自然法观念，把人的理性存在作为责任的基础，并在维护城邦以及去除民族的恶习方面，主张公民不仅为自己而生，还为朋友及国家而生，必然承担相应的责任，从而把公民责任学说发展为系统化、通俗化和罗马化的理论。

西塞罗认为，理性是从自然生出来的，它指导人们何事该做、何事不该做，这种理性如果能够在人类理智中稳定而充分地发展，就能提供强有力的道德责任力量。他主张，在责任选择相互冲突时，应把人类社会的利益所需要的那类责任放在首位。他认为，公民的责任是有限的，对责任的追究、惩罚也是有限的。此外，"我们甚至对那些有负于我们的人也负有某些责任。因为报复与惩罚是有限度的；或更确切地说，我倾向于认为，使侵凌者对自己所干的坏事感到后悔，以便使其不再重犯，使其他人也能引以为鉴，不干这些坏事就足够了"。西塞罗以理性主义自然法思想来论述公民责任，他对人类理性、对公民责任的思考不是仅仅停留在哲学思辨的层面，而是深深扎根于城邦国家、世俗的现实生活中，从而使其哲学说具有较强的针对性和实践性。

西塞罗认为，美德是人世间最美好的事物，没有美德因素的至善是不可以接受的，至善本身则要求人们与自然本性和谐一致地生活，要求人们选择共同利益而不是自己的利益。西塞罗认为，有美德的公民就应自觉自愿地去履行国家和社会的责任，还认为社会的和谐要以公民的美德来支持。他循循善诱地要求人们讲究美德，拥有爱心。在西塞罗看来，大自然要求人类像遵守法律那样遵守美德。他的公民责任学说旨在唤起公民高尚的行为，使他们不去做坏事。他在论述人的责任时说，首先是国家和父母，为他们服务乃是我们所负有的最重大的责任；其次是儿女，他们只能指望我们来抚养，他们不可能得到其他人的保护；最后是亲戚，在日常生活中，他们往往能与我们和睦相处，而且其中绝大多数人都能与我们同舟共济。西塞罗主张公民应自觉自愿地履行社会责任，宣扬为国家献身的精神，主张不把自己的名誉放在国家的安危之前。

### （三）亚里士多德的德行责任论

亚里士多德的责任思想既受德谟克利特的伦理思想影响，又与苏格拉底、柏拉图的伦理思想一脉相承。

第一，亚里士多德在论述理智德行和伦理德行时，继承了苏格拉底"美德即知识"的命题，指出一个人能否负责与他所掌握知识的多少有密切关系，只有拥有知识，才能负责任。这里的"知识"范围比较广泛，它不仅指责任方面的知识，还包括更为宽泛的理论知识，即普通的理智。亚里士多德在探讨责任的范畴时，提出了"无知要不要负责"这一命题。在分析这一命题时，亚里士多德认为，责任的追究必须视情形而定。在日常生活中，"无知"可分两种情况，一种是主体确实什么都不懂，如婴儿和精神病人；另一种是主体辩称自己是在"无知"的情况下犯下罪错。亚里士多德认为，对于第一种情况，主体可以对自己的行为不负责任；而对于第二种情况，主体必须对自己的行为负责任。第二种情况有一个经典的例子可以说明，一个司机酒后驾驶引发车祸，司机辩称这是自己在头脑失控后的失误，故不应为这一过失负责。但是，现实生活中这种"无知"是可以避免的，司机在开车之前可以控制自己不去喝酒，或者喝酒后不去开车，实际上这种"无知"背后是"知"，因而司机必须为自己醉酒后行为所引发的否定性后果承担责任。

第二，亚里士多德提出了自愿选择和责任的原则。亚里士多德从人性的角度出发，认为人的自由包括两个因素：其一，理性的自觉；其二，欲望或意志的自愿。一个人是否选择合乎中道的行为，为善或为恶是由自身自愿决定的。既然人们的行为是自由的，那么人们必须对自己的行为负责，或因此而受到赞扬，或因此而受到谴责、惩罚，不允许将自己的行为归咎于外界原因。他同时认为德行完全取决于我们自己，作恶也取决于我们自己，在现实生活中，是做一个有价值或无价值的人取决于自己是否努力。自由的道德主体是他自己行为的承担者，一般来说，对于人们自愿选择的行为及其后果，不论这种自愿选择是直接意义还是最终意义上的，人们都负有不可推卸的责任。只有在完全不由自主的情况下，人们的行为及其后果才可以摆脱责任的追究。

### （四）康德的道义论责任观

康德将责任视为一切道德价值的源泉，并从人的善良意志入手，通过对道德法则、绝对命令及意志自律的诠释，提出了责任论。他认为德行的力量有助于主体排除爱好和欲望的障碍，承担自己的责任，恪守自己的职责。德行的力量作为责任的准备条件，它为责任的"应当"转变为"现实"提供了保障。在责任的恪守中，由于理性将道德法则无条件建立在所有意志动机上，从而彰显了责任戒律的崇高和道德法则的内在尊严，所以每个在道德上负责的人都要有所承担，不负任何责任的东西只能是物而不是人。人的这种承担所指向的客体必然是道德法则，责任的原则只有在道德法则的知识范围内才能找到，人正是因为尊重道德法则（道德规律），才能使自己的行为出于责任，然后才能被授予具备"道德价值"的皇冠。

首先，善良一直是一切行为道德价值不可或缺的条件。任何一种行为只有具有了善良意志才有可能被称为责任行为，这样的行为才有可能具有道德价值。康德认为责任是道德意识的显著特征。为了责任而行动的意志才是善良意志，善良意志就是为了责任而行动的意志。

其次，责任就是服从道德法则或道德规律的行为必要性。康德认为，责任就是"出于约束性的行为客观必要性"，是一切道德价值的源泉。责任的观念就是道德规律的观念，只有将责任视作普遍的自然规律，才能使责任具有内在的约束性和外在的强制性，才能使责任成为一切行为具备道德价值的源泉。只有在以道德责任（理性法）决定内在与外在活动时，人才能产生道德自由，成为一个"人"。道德责任就其外部形式而言，具有普遍有效性，适用于一切作为理性存在意义上的人。同时，道德责任还具有内在规定性——意志自律，即道德律令不是外在于道德主体"我"的绝对命令，而是发自"我"的内心。个体最初可能是被动地必须这样做，但更重要的是，要发展到主动、自觉地立意这样做，这时外在的道德责任已经内化为个体自身的道德责任感，成为个体的道德自觉，显示出人的自由与尊严。

最后，道德法则是自律的法则，而责任恰恰是这种自律法则的集中体现。责任核心就是道德自律。康德认为，责任就是一个有理性的存在者作为自在目的而存在的唯一条件。只有确立和恪守责任，他才能成为"目的王国”的一个立法者和守护者。只有责任以及与之相适应的人性，才是具有尊严的东西，这就要求理性存在者在行动时，必须把自己人格中的人性以及他人人格中的人性同时用作目的，绝不单单用作手段。康德认为，这种意志自律既是道德法则所要依据的唯一原则，又是限制一切意志的重要条件，而这个条件保证理性存在者主体不被用作手段，而是被用作目的。

### （五）苏格拉底原始契约论的责任观

苏格拉底提出了"美德即知识"的著名命题。苏格拉底认为，德行与德行知识是同一的。美德并非天生的，而是源于教育。苏格拉底提出"无人有意作恶"。一个道德高尚之士必须具有关于道德行为的知识、懂得德行知识，方能做出最具正义性、最勇敢的行为。从内容上看，德行知识包含关于善、责任的知识。苏格拉底认为，知道责任是什么，人们就会有相应的道德行为，凡是知道什么是责任的人，总会做出合乎责任的事情。苏格拉底还主张把责任与利益调和起来。具体地说，因为知识是道德责任的知识，所以它使道德行为成为可能；又因为这种道德知识将会产生利益，所以能使具有这种知识的人趋向于善。从社会责任与个人利益的关系上看，苏格拉底尽管希望调和两者之间的关系，但他更侧重于社会责任，将社会责任作为个人与城邦订立契约的基础，并要求个人无条件地履行这种由于契约所产生的责任。苏格拉底以自己的实际行动为我们提供了一种不顾一切个人利益而履行道德责任的规范，当他被不公正地判处死刑时却拒绝朋友克里多的相救，他的理由便是，自己自由地选择在雅典生活，接受了雅典的法律，实际上是与城邦订有一种默认契约，享受了这个城邦给予的各种权利，那么自己就有责任虔诚地遵守城邦的秩序和法律，如果摒弃了自己对城邦的守法承诺，就违背了正义的生活原则。苏格拉底说过："如果你以不光彩的方式逃离这个地方，以冤报冤，以罪还罪，破坏与我们（指雅典法律）订立的契约……你生前将遭到我们的憎恨。"最终慷慨赴死，履行了他的原始契约责任。

### （六）儒家内外兼修的道德责任观

儒家思想是在我国两千多年的传统社会中占主导地位的一种思想，在特征上属于德行伦理思想，这一思想从人即行为者本身出发，来讨论有德者和有德的行为。虽然儒家没有明确地阐述责任的概念、内涵、条件等，但儒家的道德责任思想是中华民族伦理精神的重要组成部分。在我国，传统的价值观念中就有责任观念，农业经济之下人伦关系是社会基本的和主要的关系，因此，儒家伦理从实际的人伦关系和社会生活出发，规定相应的道德责任，调整个体和社会之间的关系。"父慈、子孝、兄良、弟悌、夫义、妇听、长惠、幼顺、君仁、臣忠"，这些简单概括的道德要求全面规定了个体在人伦关系社会中的具体责任，本质上就是当时朴素的责任观念的表现，再通过"克己复礼"、"内圣外王"和"修齐治平"，来达到内外兼修的效果。"克己"是一种反思性的要求，它是内在的、由内向外的、超越性的自我规定；而"复礼"显然是一种外在的、结果性和目的性的道德理想，主张责任的落实要靠内心自觉、自我修养。"内圣"是一种内在的、自我修炼性的标准，是一种自由自觉的选择；而"外王"是一种外在的、高尚的责任担当与落实。只有先通过修身正己、自我提升，升华道德责任，而后才可齐家、治国、平天下，身不修者，何以家齐、国治而天下平？总体来说，就是针对角色和身份的区别，施以不同的道德规范，由内而外、内外兼修，通过践履责任，达到礼的要求，实现个体对社会、国家的道德责任。

## 二、不同学科中的责任教育思想

### （一）伦理学相关理论

人与人的道德关系是伦理学研究的重点方向，伦理学教育的目标是使人们能够熟知基本的道德知识，并能够在其指导下维护伦理关系，文明行事。要想实现人的全面发展和社会的和谐，每个人就都要承担相应的责任，维护好道德关系，从而才能真正追求高尚的道德情操，这是伦理学不断前进的方向。

马克思主义伦理学可以充分说明道德责任离不开责任主体的意志自由。恩格斯谈到人的意志自由和道德责任等问题时必定关联到法律和道德层面上的一系列问题，这两方面是相互作用的。马克思主义伦理学研究认为，个人作为道德主体，其道德行为能力必须有这几个方面的依托，也就是心理特性、自我意志以及在实践中采取和实现决定的能力等。人的行为依靠道德规范的内化和道德规范在实际行动和关系中的客观化。道德这种日常的功能作用在一般道德意识和个人意识、社会活动和个人活动相互影响的范围内展开。同样，道德意识也具有精密的结构模式，反映了道德中的社会因素和个人因素的相互联结。"知识—情感—信念—意志—行动"组成了一个完整的体系，实践中的道德责任及其组成要素的实例与上述讨论的责任要素是相一致的。道德知识、道德情感和道德信念与道德意志和道德行动同责任的认知、认同和行动相对应。道德责任归根结底在于道德责任的主要矛盾和与道德责任对立的道德价值中权衡利弊做出正确的道德意识的选择，并且能够将这种正确的意识运用到实践活动中。道德行为只有当人们有高度的和正确的道德责任感来为其指导才能正确地完成。

### （二）心理学相关理论

从心理学角度来讲，责任是勇于承担和执行的行为，是一种优秀的心理品质，也是一种内心的心理活动和现象。法国心理学家梵科奈特在《论责任》中指出：人们只有当内心能够关注并决定自己的行为和承担的责任，并且不会受到外界因素的影响时才会承担责任和义务，究其根本，责任就是一种心理反应。在这一观念中，人们已经更加深化内心的情感体验，并且责任主体在考虑是否应承担责任时，大部分参考依据都是源自内心的情感。这表明了责任是一种心理活动，会对人的行为起到推动或阻碍的作用。

责任在心理学领域被认为是责任主体在特定的条件或阶段对行为和事件所产生的责任认知，是一种心理活动，也就是在众多心理因素的影响和作用下产生相应的责任认知、责任情感、责任意志和责任行为，这四个部分彼此促进、彼此限制和彼此调节。在心理学研究中，人们承担和履行责任的原因是人们在心理上正确认识了责任规范，并从中得到了认同和积极回应，将这种责任感知深入理解并进而将责任作为主要标准和外化为责任行为，成为真正意义上勇于承担责任的人。

# 第二章
## 大学生责任教育概述

# 第一节 责任教育的概念与机理

## 一、责任教育的概念

### （一）责任教育的含义

教育作为一种社会实践活动，是传承社会文化、传递生产生活经验的基本途径。从教育学的角度来看，责任教育是指以社会现实需要为依据，遵循学生心理发展规律和教育规律，有目的、有计划、有组织地引导受教育者学习责任，以提高责任认知、增进情感、磨砺意志、养成习惯为教育目标，培养符合社会发展需要的人的教育。

### （二）责任教育的特征

责任教育是教师培养学生责任意识，引导学生践行责任行为的一种教育活动，也是学校德育教育的重要内容之一。责任教育在实施过程中，具体表现出基础性、内化性、实践性和选择性等特征。

#### 1. 基础性

责任教育在整个教育框架中处于基础性的地位。它的基础性主要体现在学生在接受责任教育的过程中，掌握责任教育的基础知识和基本方法，形成基本的责任态度和价值观；还体现在它是学生未来实现个体全面发展和终身发展的基础。

在整个国民教育体系中，责任教育是国家和社会发展的重要基础，也是包括智育、体育、美育、劳育等在内的其他教育发展的基石。总之，责任教育的基础性是其外显的结构特征，更是一种教育价值的选择；面向学生的个体发展，更面向社会乃至国家的发展。

### 2. 内化性

责任教育的内化性是指在责任教育的实施过程中，教师通过让学生主动地接受、吸纳、转化责任教育的内容，使之成为学生的一种内在的、稳定的行为方式和性格特征。这一特征的目的是将责任教育的实施过程由被动的外部"灌输"转化为学生的主动参与和思维建构。学生在接受责任教育的过程中，通过对责任相关理论的了解与学习，在日常的行为中不断地进行对自我的校正，并逐渐成为一种行为的指导规范。这也体现了责任教育的内化性特点。

### 3. 实践性

责任教育的实践性是由责任教育的内涵决定的。责任教育作为教师主动对学生的责任意识进行影响和对学生的责任品质进行培养的一种教育活动，需要在实践中检验和改进。责任教育的实践不仅是扩展责任内容、改进责任教育方法的一种重要活动，还是检验责任教育效果的唯一标准。原因是责任教育最终的培养目标是将学生培养成一个"负责任"的个体。如何来评价学生的责任意识水平及责任教育效果？一个非常重要的方法是教师指导学生积极主动地去参加各种责任教育实践活动，在活动中进一步发现责任教育实施过程中的问题，并及时进行纠正。所以，责任教育的实践性是其主要的特征，践行责任教育活动也是责任教育不断发展的必由之路。

### 4. 选择性

由于学生在接受责任教育的过程中，会根据自己的内在需求与思维判断来作出相应的选择，所以责任教育具有选择性。责任教育效果在很大程度上取决于学生的这种主观性选择，这种选择是学生基于一定的责任意识和责任知识所作出的，它不是对某种客观要求的服从，而是学生作为主体作出的主动选择。在接受责任教育的过程中，学生会在一定责任意识的影响下，在善恶是非之间做出判断与取舍，从而自主选择某一行为来实施。因此，教师在责任教育材料、教育时机、教育方法等方面，要按照责任教育培养目标的要求，严格地优化选择；同样地，学生也要主动地、自发地依照责任教育的相关要求，做出符合责任教育规范的选择。这是学生自由意志的表现，也是责任教育有效实施的重要保证。

## 二、责任教育的机理

责任教育的最终目标是使学生形成责任行为的自觉。责任行为的形成机理，以存在决定意识为根本原理，以责任事件为依据，以责任行为为目标，打破了在责任教育设计上机械地坚持"知情意行"而无法设计实施方案的现状，有着极其现实的教育意义。

人们对责任的评价一般情况下是看责任行为。责任教育的目的是使学生形成自觉的责任行为。责任行为培养的路径有两个：一个是通过"行为训练—行为无意识—行为自觉"来完成的，这是一种习惯自觉教育；另一个是通过培养责任意识来支配行为。责任意识的形成是一种主观自觉教育。除去人格差异外，有四个切入点：一是通过"参与—体验"这个途径形成的；二是从认知开始，通过"责任认知—责任判断—责任意识"的过程形成的；三是通过责任事件后的情感体验反馈及深化而形成的；四是通过人们对责任行为的评价，由激励和强化而形成的。

责任教育的机理归纳如下。

### （一）人格差异（先天为主）

人格差异是客观存在的。教师在做责任教育时，要注意到每个个体在先天的遗传因素上就存在着差异，在灵活性、兴奋性、适应性、易感性以及智力水平上的表现各有不同，这就使得个体在接受责任教育时的表现会有所不同。有的个体易于理解责任教育，且容易产生同理心，当他们产生责任感后易于坚持，并能采用灵活的方法实施责任行为。但有的个体则与之相差甚远。所以，在做责任教育时，教师一定要针对个体先天的人格差异施以不同的教育。

### （二）"行为训练—行为无意识—行为自觉"（行为训练）

责任教育是通过行为训练来帮助学生养成相应习惯的。通过责任行为的训练，个体可以接受和学习积极的责任行为方法并加以实践。在这一过程中，积极的责任行为方法会潜移默化地影响个体的思维结构，形成行为无意识。这样，当个体再面对责任事件时，其行为无意识会自动地发生作用，从而使个体自觉地做出责任行为。

（三）"参与起点—集体体验—提高认知—强化意识—行为自觉"（文化自觉）

这种机理的特征是从集体体验切入，经过行为体验形成认知，然后上升为责任意识，进而形成行为自觉。通过实践转化为意识，强调集体参与某项活动，通过切身体验活动，理解活动的本质内容，掌握活动特点，最后形成自身意识。再遇到同类事件时，个体便会自觉用前期活动所形成的意识去判断和理解。

（四）"责任认知—责任判断—责任意识"（后天教育）

这一途径是以责任认知为起点，个体通过接受责任教育和观察责任行为形成对责任的认知。面对责任事件时，个体会根据自身的责任认知产生对责任事件的判断；而这一责任判断会使个体形成认同或否定的感受，从而使个体面对责任事件时形成自身的责任意识。

（五）情感体验的强化（后天内省）

经典行为主义学派代表人物斯金纳指出，自我强化是塑造行为的最有效途径。根据这一原理，在责任行为形成过程中，个体可通过事后责任感的自我强化，即将自身在责任事件中的体验积累反馈到大脑中，从而受到这一事后责任感的正强化或负强化，促使责任意识得到激发并稳固下来。

（六）责任评价的激励作用（外界作用）

责任主体通过对责任行为的评价，加深自己的体验，进而深化为责任意识并积蓄下来，逐步形成主观自觉。当主体的积极责任行为发生时，教师和同学做出正面的评价，并给予微笑或鼓励，主体的积极行为就会持续下去，并形成主观自觉；当主体的消极责任行为发生时，教师和同学做出负面的评价，并给予批评或斥责，主体的消极行为就会消退，并形成不再发生消极行为的主观自觉。

## 三、责任教育的模式

责任教育的模式分为微观、中观、宏观三个层面，每个层面的侧重点和具体要求都截然不同。

在微观教育模式下，责任教育的对象主要是个人，也可以是单一群体——学生。由于这个群体的特殊性，这一教育模式的主要目的是使每个个体都具有自觉的责任行为，当然也就要求每个单一个体都积极参与。而中观教育模式所针对的主要是家庭、学校、社区这三个综合环境，这一模式的主要目的是通过家庭、学校、社区三者的有机结合培养出负责任的公民。可以看出，要想顺利实现这个目标，就必须使三者紧密结合。至于宏观教育模式，其大环境就是构建社会主义和谐社会和建设社会主义精神文明，这离不开每个个体的支持，更需要政府的积极引导。

提出责任教育模式，是要在责任感培育实践探索的基础上，系统地进行责任感培育实践模式研究，将社会责任感纳入公民教育视野，并将其放在小学、中学、大学整体层面加以构建，努力形成和谐德育框架内的增强学生社会责任感的公民教育实践模式，从全程、全面、全员上着眼，在目标、内容、途径与方法、评价上着力，在实验校、实验区中落实。

### （一）责任教育的微观模式

微观责任教育实践模式包括外显型模式、内化型模式，具体包括参与起点、认知起点、反思起点、评价起点，其中，认知起点、反思起点的模式是内源性的，参与起点、评价起点的模式是外源性的。

### 1. 外显型模式

行为主义的学习理论主要包括巴甫洛夫的条件反射学说、桑代克的尝试错误说、斯金纳的操作性条件作用学说和班杜拉的社会学习理论；主要内容是强调学习刺激与反应的联结，主张通过强化或模仿形成与改变行为。巴甫洛夫是俄国著名的生理学家，他通过条件反射的方法对人和动物的高级神经活动做了许多推测，发现了学习的最基本机制，提出了习得律、实验性消退律、分化律和高级条件作用律等。虽然不能直接把巴甫洛夫的研究纳入行为主义的理论体系，但他毕竟开创了行为主义刺激—反应理论的先河。与此同时，美国心理学家桑代克提出了学习的三条定律：一是准备律，即刺激与反应的联结随个体本身的准备状态而异，如对学习内容有探究的兴趣和欲望，并做好必要的素养和能力准备，联结就会得到强化；二是练习律，即刺激与反应的联结随练习次数的增多而增强，若是长期不练习，联结就会逐渐减弱；三是效果律，即刺激引起的反应若是能让人感到满足，也就是获得满意的效果，联结就会增强，反之就会减弱。

斯金纳认为，强化在学习中起着非常重要的作用，行为之所以发生变化，是因为强化作用，直接控制强化物就是控制行为。他指出了当时教育的几个缺点：其一，学生的积极主动性激发不够，学生的行为是由厌烦刺激所支配的；其二，在行为及其强化之间间隔的时间太久；其三，缺乏一个能够逐渐向前推进，最后达到所希望的复杂和巧妙程度的强化方案；其四，对希望学生做到的行为强化太少。

在实施责任教育的过程中，教师可以借鉴强化理论，通过反复训练和控制，让学生朝着教师所希望的具体行为和习惯演变。这就是责任教育模式中外显型模式的依据。外显型模式即通过固定的模式和反复的训练，使个体养成习惯，运用到责任教育中就是让个体以模范人物为榜样，反复模仿和训练，最终形成责任行为。

责任教育是通过行为训练来养成习惯的。通过责任行为的训练，个体可以接受和学习积极的责任行为方法并进行实践。在这一过程中，积极的责任行为方法会在潜移默化中内化到个体的思维结构中，形成行为无意识，当再次面对责任事件时，个体的行为就会自动发生作用，并自觉地产生责任行为。研究发现，培养个体良好行为习惯最基本、最重要的方法就是行为训练法。一般来说，对个体行为习惯的教育要抓住两个转化，即从认识向行为转化、从行为向习惯转化。

在训练过程中，当个体的训练行为得到积极的肯定时，这种行为便较容易演化为个体的习惯；而如果个体的训练行为没有被肯定，或者得到的是消极的评价，就要进行更多的训练，只有当训练达到要求了，或者个体的训练行为被认为合理的时候，个体才能最终养成习惯。

### 2.内化型模式

所谓内化型模式，是指个体在接受责任教育后，通过自我认知、自我判断、意识强化等途径形成责任意识，进而形成自觉责任行为的模式。

（1）参与起点。为了解释说明人的行为，班杜拉提出了交互决定论。他认为行为个体（主要指认知和其他个人的因素）和环境是"你中有我，我中有你"的，不能把某一个因素放在其他因素之上的位置，尽管在某些情境中，某一个因素可能处在支配地位。参与起点在责任教育中的应用就是注重文化育人、活动育人。

（2）认知起点。认知起点是指个体通过接受责任教育和观察责任行为形成对责任的认知。认知主义学习理论主要强调学习是认知结构建立与组织的过程，重视整体性与发现式的学习。布鲁纳认为，学习是认知结构的组织与重新组织，是将有内在逻辑结构的教材内容与学生原有的认知结构联系起来，新旧知识交互作用，赋予新材料更多意义的过程。据此，他提出了学习的动机原则、结构原则、程序原则和强化原则，并积极倡导学习发现，要求学生积极主动地探索知识、获取智慧。

（3）反思起点。社会学习理论认为，人类的大多数行为是通过榜样作用而习得的，个体通过观察他人行为形成怎样从事某些新行为的观念，并在以后用这种编码信息指导行动。反思起点是指个体对他人或者自身某种行为事后的一种感性认识，再通过理解与反思，最终转化为意识。

（4）评价起点。评价起点是指依据一定的要求或标准，对学生的责任感和行为给予肯定或否定，从而帮助学生责任意识和行为的形成、发展与深化，预防和制止不良思想和行为的滋长。

### （二）责任教育的中观模式

中观责任教育实践模式是指家庭、学校、社区相结合，以社区为主要平台，以学校与社区相结合为主要机制，培养负责任的公民的教育模式。青少年的成长环境不外乎家庭、学校、社区，要开展针对学生的责任教育，这三个环境都发挥着至关重要的作用。责任教育的起点在家庭、实践在社区，而学校则是青少年增强能力、增长才干的核心场所，因此，要在学校的主导下，实现家庭、学校、社区三者的有机统一和紧密结合，共同培养负责任的公民。

家校联系，有机结合，形成教育合力，有利于将学校教育同家庭教育、社会主义精神文明建设有机结合，从教育内容到教育形式、教育阵地都得以向社会延伸和拓展，同时还有利于少先队组织的优良作风传播到社会上并服务于社会，最终形成家庭、学校和社会的少先队工作全面活跃的局面。

### （三）责任教育的宏观模式

宏观责任教育实践模式是指以创建文明城区为主要机制的区域教育模式。不管是针对个体的微观教育模式，还是需要家庭、学校、社区三者结合的中观教育模式，要想实现全社会的责任教育，就离不开社会主义社会这个大环境，而且责任教育的微观模式和中观模式的顺利开展也离不开社会主义社会大环境责任教育的进行。因此，这一教育模式的主要特征就是需要政府的引导、全体公民的广泛参与，开展这一教育模式的主要目的是构建社会主义和谐社会，建设社会主义精神文明。社会主义社会是一个大的环境，离不开每个个体的支持，也更需要政府的积极引导。近年来，各地精神文明办在政府的直接引导下，大力开展精神文明建设，为责任教育在中华大地上健康发展提供了良好的环境。

# 第二节　责任教育的设计与实施

## 一、责任教育的原则

责任是做人做事的基本素质，原则是说话、行事所依据的准则。在学校的教育工作中，把学生培养成有责任的人是其中的关键。在这个过程中，坚持理念先行、社区共建、分层教育、全员体验、贴近生活、长效坚持等原则是责任教育健康发展的关键。

### （一）理念先行原则

责任教育的开展体现在以下三个层次。第一个层次是以团队活动为主要载体，通过一系列主题活动达到教育目的。这个层次的优势是便于弘扬主旋律，能够很快形成责任评价的文化认同，不足之处是为了避免老调重弹，活动需要不断创新，而创新资源不足时，活动就失去了生命力。与此同时，活动产生的心理认同转化为责任行动仍然需要做大量的工作，否则容易积累形成实质上的知行不一。责任教育的第二个层次是在德育层面上开展的。目前，国内认可的是德育内容包括五大要素（政治教育、思想教育、道德教育、法纪教育、心理教育），而责任教育往往作为道德教育的一部分出现。在实施德育过程中，由于重心不断转移，责任教育的比重会受到一定的影响；而且在德育层面上，齐抓共管的机制如何形成这一问题仍然没有得到有效解决。责任教育的第三个层次是将责任作为教育家的根本教育理念，由校长亲自主持，管理、教学、科研、服务各个领域全面推进，形成全面育人的"生产基地"。责任教育的第三个层次抓住了责任教育的根本，便于统一思想、统一规划、统一实施和规范评价。

### （二）社区共建原则

社区共建原则的提出主要是由于责任教育存在校内校外不一致的问题。责任教育的基本目标是培养负责任的公民，最高目标是培养致力于中华民族伟大复兴的高素质公民。一般而言，公民生活、成长的载体主要是家庭、学校、社区。目前，我国的教育设计主要是以校本为主，这就导致教育效果存在浓重的校园特色，在社区中，学生往往找不到校园的相关元素；学生在家有父母的监护，在学校有老师的评价，而在社区中并没有追踪学生成长的机制，所以学生在社区的责任实践中缺乏主观自觉。虽然有些学校强调学校、家庭、社区三位一体的教育，但这种教育还是以学校为主、家庭为辅，社区则较为薄弱。正确的原则应以学校为主导，学校、家庭、社区共同设计、共同实施、共同评价，把责任教育的实践平台设置在社区，让学生在社会评价的环境中成长。

### （三）分层教育原则

分层教育原则是指根据责任心的形成及儿童、青少年成长过程中各年龄段的心理发展机制，分段（如分为小学、初中、高中、大学等阶段）设置责任教育的模式。分层教育的另一层意思是针对同一学段不同年级学生的心理、生理特点，相应地提出一些合理、适度、具体、明确的责任要求，分别进行教育。在目标体系上应坚持分层教育原则，可由低到高分层设定层级目，依次为"对自己负责""对家庭负责""对他人负责""对学校负责""对社会负责""对人类赖以生存的自然环境负责"。

由于不同年级和学段学生的教育内容与任务不同，责任教育方法应提倡多样化和不同风格，不可千篇一律。比如，前几年开展德育工作往往反对"假大空"的弊端，有些人一股脑地提倡所谓"学科德育渗透"，并认定其是灵丹妙药，是学校德育的唯一途径。其他诸如灌输、示范、演讲、行为训练等方法好像都失去作用了。殊不知，慷慨激昂、抑扬顿挫的演讲才更加刻骨铭心、震撼心灵，极具穿透力；自然而然、本真本色的说教如撒盐于水，不着痕迹，富有感染力；身临其境、忘我参与的体验能够润物无声、情景交融，增强内驱力。它们形式不同、各具特色，都在追求教育的针对性和实效性。

### （四）全员体验原则

从受教育者的角度来说，责任教育不是精英教育，也不是"抓两头带中间"的教育；从教育接受效果来说，听到的容易忘记，看到的印象不深，只有亲身体验才能刻骨铭心。仅凭说教，不让学生承担任何工作，也不让学生从事任何活动，是不能让学生养成任何责任感的。要保证责任教育的效果，就必须坚持全员体验原则。

坚持全员体验原则须注意以下三个要点。一是在行动实践中体验。可结合发生在身边的具体案例，创设丰富的情境，引导学生进入"角色"，在实践中增强直觉体验。二是在文化熏陶中体验。要根据学生的特点，充分利用室内、走廊等空间不断开展各种学生喜闻乐见、内涵丰富、品位高雅和文明健康的文化活动，让每面墙壁都会"说话"，让校园的每个角落都存在育人色彩。源于生活、服务于生活的校园文化活动能够使学生受到文化的熏陶，使优秀的文化内化为学生的责任修养。三是在自评互评中体验。应巧妙地开展以认同为主的自评和互评，通过自评和互评让学生真正成为责任教育的主体，激发其自律意识、自主意识、参与意识。同时，自评和互评也能够为学生提供互相学习、取长补短的机会，促使学生养成自我教育的习惯，培养学生的自我管理能力，在自评中找不足、找差距、定目标、定措施，将每一项责任的内容和要求转化为自己的实际行动。

### （五）贴近生活原则

生活是一所人生大学，蕴含着丰富的育人元素。人的社会责任感是在完成一定任务的实践过程中逐渐形成的，会随着实践活动的变化而变化，随其扩展而扩展。学校的责任教育重在提倡学生亲身体验、亲身实践、自主活动，通过各种方法培养学生的自主意识和能力。责任教育要适应学生的身心成长特点和接受能力，从他们的思想实际和生活实际出发。一是推进课堂教学方式的转变，重视开发贴近学生生活的课程资源，在生动、形象的教学活动中，既教书，又育人。二是在学生生活、学习、社会实践中一次次行为训练、一次次强化，使学生逐渐养成良好的行为习惯。三是特别注意从日常小事、身边小事入手，从生活细节入手，从伙伴关系入手，选择对学生开展责任实践活动的切入点，对小事的责任感是对大事的责任感的基础，只有紧抓小事不放松，日积月累，才能使学生养成做事负责任的习惯。

### （六）长效坚持原则

长效坚持原则的主要内涵是指全员、全过程、全方位地开展责任教育，形成责任教育的长效机制。全员就是指责任教育的对象绝并不只有学生，还有教师、学校管理人员、校工、家长和社区工作人员。全过程有两层含义：一是指责任教育要贯穿学业全过程、生活全过程、人生全过程，二是指责任教育目标可以有每个学期的几个坚持、每个月的几个坚持、每周的几个坚持、每日的几个坚持。全方位是指目标体系中具体责任教育的全方位，既包括学生学习、生活的所有活动，又包括学生生活空间上的"两点一线"——学校所在的社区、家庭所在的社区两点，上学、放学路上的交通路线一线，这是学生生活体验频率最高的地方。

长效坚持原则还要求学校的领导干部、学科带头人、骨干教师等率先垂范，成为责任教育的领跑者。要形成以专业部、教研组、备课组等为单位开展责任教育的有效机制，责任到人，分工合作，齐抓共育。一比责任，重科学，争做科研模范；二比干劲，比业绩，争做育人先锋，做到人人育人、时时育人、处处育人、事事育人，使积极参与责任教育成为每个教师的自觉行为。

学生责任感的形成和发展是长时间、多方面教育的结果。必须建立长效机制，努力形成责任教育内容系统化、管理制度规范化、育人渠道网络化、教育队伍全员化的良好格局。学校内的教育要承上启下，互相衔接；各教育系统之间要互相联系，保持一致；要坚持近期效果与长远效果相结合，立足长远，追求循序渐进的良好效果。

## 二、责任教育的设计过程

整体构建学校责任教育体系的研究与实验就是在对不同层面、不同角度的责任教育规律作总结概括的基础上，以责任教育的目标、内容、途径、方法、管理、评价六个分系统为纬，以幼儿园、小学、初中、高中、中职、高职、大学七个学段的责任教育系统为经，纵横贯通、依序衔接、内外联系，构建整体的责任教育实施体系，以便把握这个整体构架的观念。从纵向上看，这一体系是幼儿园、小学、初中、高中、中职、高职、大学七个系统的纵向衔接。这种衔接要求每个子系统的责任教育目标、内容、途径、方法、管理、评价都应根据不同学段学生的年龄特点、责任意识，形成发展规律，建立分层递进、螺旋式上升、和谐衔接的有机联系。从横向上看，这一体系是责任教育的目标、内容、途径、方法、管理、评价六个分系统相互贯通。这种贯通是子系统和分系统、分系统与分系统相互联系、相互融合的基本形式。这中间存在着不同方式、不同方向和不同范围的联系，如责任教育的目标与内容之间是一种常态联系，内容又以途径为承载体和教育空间；方法常与途径相依附，同时，方法又可以包含管理和评价；等等。那么，通过这个系统，我们还可以将各个年级作为第二系统。例如，大学纵向上分为一年级、二年级、三年级、四年级，横向上还是责任教育的目标、内容、途径、方法、管理、评价六个要素。这样，第一级子系统、分系统分解到了第二级、第三级子系统和分系统的层面，上述各种整体联系就会更加具体化，为增强学校责任教育工作的科学性、针对性和实效性提供了理论参考和实践依据。

### （一）责任教育目标设定

责任教育目标是指党和国家、社会对儿童、青少年在道德、心理、法纪、思想等方面素质应达到的标准的要求，体现出鲜明的社会性、国家性、民族性、继承性、现实性、时代性和前瞻性等特征。确立责任教育目标，一要认真研究历史上制定责任教育目标的经验教训；二要以党的方针政策为依据；三要研究社会发展对未来人才的需要；四要充分考虑学生成长的自身需要和责任观形成发展的规律，并注重责任教育目标构建的统一性、多样性、层次性和序列性等特征。我国各级各类学校责任教育的基本目标是培养负责任的公民，最高目标是培养实现中华民族伟大复兴所需要的高素质公民。责任教育目标的内涵是关怀自我生命、他人生命的实现；关怀自我幸福、他人幸福和社会整体福利的实现；尊重生命，尊重且捍卫人格的独立性、完整性；关怀社会正义的实现，积极对抗邪恶和不正义；无私助人；坚定地追求真善美，对抗假恶丑；倡导并践行人与人、人与自然的和谐、友谊和爱；对周围世界富于激情、忠诚，富有爱心，不断地超越自我，自觉承担社会责任。当个人利益和集体利益、社会利益、国家利益发生冲突时，每个人都应该自觉地舍弃个人利益，把国家、集体和人民的利益放在首位，承担起对国家、社会和集体的责任。责任教育总目标一以贯之，反映党和国家对青少年一致的目标要求，具有鲜明的统一性，各级各类学校都应始终如一地坚持。因此，责任教育的总目标对各级各类学校的教育都具有指导和制约作用。

责任教育目标要"近、小、实、亲"，不要"高、大、空、远"。"近"就是责任教育目标不要太远人，一定要贴近学生身边的情况；"小"就是责任教育目标要细小化，分步骤制定，从小处着手；"实"就是责任教育目标要实际，不可纸上谈兵；"亲"就是责任教育应回归学生的生活世界，责任教育目标要贴近学生。责任教育目标是责任教育的基石，应该贴近生活、服务于生活。但是，对于回归生活，不应该狭隘地理解。责任教育目标应该引导并服务于责任教育。责任教育目标应该具体，如给大学一年级的学生制定的责任教育目标可以是爱自己和爱身边的人。

## （二）责任教育内容实施

责任教育内容的性质和构成由责任教育的目标决定。责任教育内容具有历史性，不同的历史发展阶段对责任教育内容有不同要求。同时，不同的社会和阶级又有一些共同的社会意识及其所体现的社会规范存在，如不盗窃、尊老爱幼、讲究公共卫生等，为不同社会和阶级的人们所共同遵守。因此，责任教育内容具有一定的社会共同性和历史继承性。

第一，确定责任教育内容，应根据不同年龄段学生的身心发展特点、知识水平、思想实际情况和社会发展形势，确定责任教育的类型、重点和不同条目、层次的教育内容，因材施教、因势利导，达到责任教育的效果，这有利于全面提高学生的责任意识。

第二，责任教育内容要根据学生的年龄特点和心理发展规律，以对学生自己、对学生家庭、对他人、对集体、对社会等相关内容为横坐标，以每个学段为纵坐标，理顺责任教育内容自身的逻辑关系，由浅入深、由低到高、由感性到理性、由具体到抽象进行合理部署与安排。每个教育阶段都必须保证责任教育内容结构的序列性和完整性，同时又应保证责任教育内容的渐进性和层次性。

## （三）责任教育途径拓展

责任教育途径是为了达成一定的责任教育目标，采用一定的责任教育方法，落实一定责任教育内容的教育所必须借助的渠道。责任教育途径是责任教育内容、责任教育方法、责任教育过程的载体。责任教育途径是客观存在的，在整个责任教育体系中，责任教育途径是最实在的。没有途径，内容、方法、过程都无所附着。家庭、学校和社会是责任教育的三大途径，应该充分发挥其各自的独特功能，同时三者分工合作，形成合力。

在家庭、学校、社会三大基本责任教育途径的基础上，可以根据责任教育途径的性质特点，对学校经常运用的途径加以分析，进而将它们整合为七大类，即课程类、实践类、组织类、环境类、管理类、咨询类、媒体类，充分发挥每个途径的作用。

## （四）责任教育方法选择

责任教育方法是为达到责任教育目标，完成责任教育内容，在责任教育原则的指导下，运用各种教育手段，教师与学生互相作用活动方式的总和。

总体而言，责任教育方法包含以下三点主要内容。一是责任教育方法是为责任教育目标服务的，每种方法都是为了完成既定的教育任务。二是教师与学生共同参与，既包括教师的施教方式，又包括学生接受教育和提高修养的方式。在责任教育过程中，教师起主导作用，但学生是接受教育的主体，他们有主观能动性，所以任何方法都是主导者与主体互相作用的过程。三是各种方式相结合，既包括教育方式，又包括教育手段；既包括外显的动作方式，又包括内在的思维方式；既包括明显的教育方式，又包括隐性的环境影响、氛围渗透方式。

责任教育方法的意义是可以使各年龄段学生的教育方法互相衔接，各种责任教育方法有机配合，形成一个整体。在责任教育实践中，教师可以酌情选择如下方法。

### 1. 语言说理类

语言说理类责任教育方法是通过摆事实、讲道理使受教育者明辨是非、善恶，提高其责任感的一种教育方法。它重视对儿童进行正面教育，从提高学生对责任教育的认知入手，以理服人，启发学生自觉性，调动学生内在的积极因素，引导他们不断进步。例如，班级和学校定时开展主题班会等活动，通过讲解来让学生认知责任，学会做一个负责任的人。但是，使用语言说理类方法时，要切记一点：不要反复说一个话题，否则会影响预期效果。

### 2. 榜样示范类

榜样示范类责任教育方法是以优秀教师和其他典型人物的优秀品质引导学生的思想、感情和行为的一种教育方法。这种方法的特点在于它是通过家长和别人的言行，把高深的思想、责任教育具体化、人格化，使学生在不知不觉中模仿，并形成优秀的品质。古今中外的教育实践都证明了榜样具有巨大的教育作用。孔子曰："三人行，必有我师焉，择其善者而从之，其不善者而改之。"孔子在教育学生的过程中常将尧舜、管仲和周公等作为学生的榜样。教师在对学生进行责任教育时可以树立典范（包括历史伟人、科学家、民族英雄等），他们具有时代性、先进性，他们的崇高理想、高尚情操、伟大功绩、光辉历程都会为学生指明方向。教师还可以从学生身边寻找一些人，将他们树立为榜样，以同伴榜样教育模式促进学生责任感的提升。

### 3. 修养指导类

修养指导类责任教育方法是在教师指导下，学生自己教育自己以形成良好责任意识的一种教育方法。责任修养和责任教育是相辅相成的，责任教育是指外在的教育，而责任修养是指自我教育，是学生责任意识形成的内部因素，实质是自我修养。学生形成责任意识并将其转化为行为习惯是学生内部矛盾斗争的结果，任何有效的教育过程都应该在学生自觉地、积极地参加的过程中完成，教师和家长要想方设法调动学生的积极性、主动性，启发学生进行自我教育，然后给予相应的指导。这就需要学生在一定教育条件的影响下自觉提高思想认识，在正确认识的基础上评价自己、分析自己、确定自己努力的方向，积极体验和掌握正确的责任行为标准，以深化认识并指导行为。自我教育是让学生自己去实践、去体验、去认识，但不是放任自流，必须在教师的指导下进行。例如，责任教育评价最好把评价与自我评价结合起来。教师的评价可以对学生起到监督作用；集体的评价是一种舆论，既可以是对正确、良好行为的赞扬，也可以是对错误、不良行为的谴责，它能督促学生按正确的要求去做。

### 4. 实践锻炼类

实践锻炼类责任教育方法是教师根据学生身心发展状况和社会的需要，让学生在日常生活和社会活动中参加实践，从中受到教育和锻炼，以形成责任感和能力的一种教育方法。这种方法注重实践，让学生在实践中增长才干、提高觉悟。例如，学校组织开展读书节、艺术节、科技节、社团文化节、体育节，充分发挥实践活动的迁移作用，让学生在实践活动中感受到责任，学会对自己、对他人负责。

### 5. 行为训练类

行为训练类责任教育方法是为了指导学生的行为、培养学生良好的习惯而进行的反复要求、反复练习、反复检查督促的一种教育方法。研究发现，培养学生良好行为习惯最基本、最重要的方法就是行为训练法。一般来说，对学生行为习惯的教育重点要抓住两个"转化"，即从认识向行为转化和从行为向习惯转化。

行为训练的重点是训练学生的行为，它涉及的范围很广。要对学生进行具体的指导，从每个细小的动作入手，从坐立、行走开始。而指导也要因人而异。应根据学生的不同年龄、性格、气质，采取不同的方法，如有的学生动作慢，经调查发现是性格所致，教师就要从性格训练着手；而另一个有同样问题的学生原因却是懒惰，教师就要从劳动锻炼着手。有了指导就要反复训练，学生对训练习惯了就可以养成良好的行为习惯。但这个过程是十分艰难的，这就要求教师在学生养成习惯的过程中对行为训练进行强化，对学生的训练结果进行评价，这样才能让学生持之以恒。

### 6. 规范制约类

规范制约类责任教育方法就是用纪律、规范、制度等约束学生，使其按正确的要求去做，并逐步形成良好责任感的一种教育方法。大学生的自觉性不高，他们需要一定的组织与制约。他们要克服不良习惯，既需要内部的意志力，又需要外部的强制力，完全靠自觉是远远不行的。这就要建立一种责任制度，学校要根据社会的需要，依据学生的年龄特点和思想行为实际，制定切实可行的制度，如日常行为规范、课堂常规、学生守则以及其他各项规章制度。有了制度，学生就要认真贯彻执行，教师要经常提醒学生按照制度和规范去做，使学生形成执行规范的意识，并设立奖惩制度加以强化。

### 7. 评价激励类

评价激励类责任教育方法是依据一定的要求或标准，对学生的责任感和行为给予肯定或否定的一种教育方法，它有助于学生责任意识和行为的形成、发展与深化，预防和克服不良思想和行为的滋长。

### （五）责任教育管理实施

责任教育管理是依据国家的有关要求，根据学生身心发展的基本规律和责任意识形成的规律，组织、协调责任教育的相关人员与组织，协调责任教育者之间的关系，使责任教育组织保持良好的机能状态，从而合理组织各种力量，提高责任教育的实效性，完成责任教育目标和任务的有效手段。

学校责任教育管理的基本职能有设计、实施、协调、评价、反馈等。按学校责任教育管理周期诸阶段进行整理归纳并加以概括、模式化，最基本的就是计划、组织、检查和总结。从动态的角度进行研究，将这些职能活动有机结合起来，就是一个完整的管理过程。没有科学、健全的责任教育管理体系，就不可能落实责任教育的内容，实现责任教育的目标，就不可能使实施责任教育的渠道畅通，就不可能形成家庭、学校、社会共同参与责任教育工作的新格局，就不能使大、中、小学责任教育实现有机衔接。

为制定、健全、完善责任教育制度，各校可以结合本校实际情况制定学校内部切实可行的责任教育制度。学校制定责任教育制度的要求有以下几点：第一，符合责任教育工作的特点，防止一般化；第二，简单明确，易于理解和执行，防止烦琐与笼统；第三，有利于鼓励进步，防止消极退步；第四，与说服教育相结合，使被管理者了解建立健全规章制度的意义，调动他们执行规章制度的积极性。另外，各级教育行政部门和学校要不断完善、优化责任教育的手段，提供责任教育工作必备的场所、设施，建立责任教育资源库。各省、自治区、直辖市都应因地制宜地建设一批责任教育基地。学校除充分利用这些基地外，还要利用当地的有利条件，开发责任教育资源，建设好学校级的责任教育基地，加强校园环境建设和管理。最重要的一点是学校领导体制的建立。领导体制事关学校工作的核心，不但对学校责任教育工作全局产生影响，而且对整个学校教职员工起着导向、动力和保证作用。

### （六）责任教育评价

责任教育评价是各级国家机关、教育行政部门、教育督导和教育科研等专业机构及各个学校根据党和国家的教育方针、责任教育法规和责任教育目标，依据各类学校学生的身心发展规律，有计划、有组织地运用科学手段、形式和方法对有关区域评价对象中人员范围（学校、教师、学生）、事物范围、时间范围（年度、学期、月、周）的责任教育实施状况和成效所进行的价值判断活动过程。

责任教育评价包含以下四要素。第一，责任教育评价不仅是对责任教育情况的描述，还是一项教育价值判断活动。这是责任教育评价的本质。第二，责任教育评价是一种系统地收集责任教育资料的过程，系统性是其重要特点。教师不仅要收集资料，而且要注重对责任教育资料的解释、分析。第三，责任教育评价以一定的理论、政策为依据，始终不忘责任教育目的和责任教育目标以及学生身心发展规律。第四，学校责任教育评价的主要内容是保证德育目标实现的主要责任教育评价指标体系。

进行责任教育评价前要先做好评价准备，然后选择评价方法。评价方法有自评，就是学生自我总结、自我认识、自我完善、自我教育、自我提高的过程；还有他评，也就是民主评议，是由除评价对象以外的组织、人员根据一定的标准对评价对象进行价值判断。他评一般有同学评价、家长评价、教师评价这几种形式。责任教育评价是一个完整、系统、网络化的体系，这个体系涵盖了小学、中学、大学三个学段，由不同评价指标构成。

在上述体系中，学校责任教育工作评价是责任教育评价的核心，班级责任教育工作评价是责任教育工作的重要内容，学校责任教育工作评价是全面衡量一所学校责任教育工作的重要手段。形成一个上级抓学校责任教育工作评价、学校领导抓班级责任教育工作评价、教师抓学生责任素质评价的不同层次的责任教育评价体系并发挥这个系统的功能，是促进学校责任教育工作整体优化的根本保证。在使用责任教育评价体系进行评价时要注意：这个质保体系既可以作为整体来加以使用，对学校（班级）责任教育进行整体评价，又可以使用其中的某一部分，对学校（班级）责任教育的某些方面进行评价；既可以坚持评价指标的考查内容，又可以根据评价的实际要求，修改部分评价指标并用修改后的指标体系对学校（班级）进行责任教育评价。

学校全部责任教育工作的落脚点和归宿就是增强学生的责任意识。因此，学生责任教育评价必然是学校责任教育评价体系的重要组成部分。学生责任教育评价的一般程序是做好评价准备、选择评价方法、收集整理信息、处理相关问题。

### 1. 做好评价准备

（1）制定学生责任教育评价指标体系。评价指标是责任教育目标的具体化，它既是学生努力的方向，又是责任教育评价的依据。评价指标的制定必须有导向性、科学性、可行性、可测性，并且简明扼要，便于学生掌握。

（2）做好宣传发动工作。既要让学生明白评价的目标、内容、标准、原则、方法、意义，又要让家长和教师明白上述内容的道理。

### 2. 选择评价方法

从学生责任教育评价的主体来看，有自评和他评两种形式。学生责任教育评价的类型有评分、评等级、评语综合测评法（是指在测评出一个分数和等级之后，再辅之以评语的说明与补充，以解释分数与等级的意义或补充它们无法说明的个性特点）。

### 3. 收集整理信息

收集整理信息是学生责任教育评价的关键环节。一般来说，所收集到的学生责任教育信息是零乱的，要想了解学生个体的特征以及变化发展趋势，就必须对这些信息进行科学的整理归纳，使之系统化、条理化。整理信息时，必须注意信息的准确性、完整性、客观性，必须注意收集渠道的广泛性、收集对象的代表性、整理方法的科学性。这样得出的结论才具有指导意义。

4. 处理相关问题

一是要及时将评价结果反馈给学生及其家长，以便形成家校结合的格局，促进学生不断提高、不断进步。二是要处理好学生自评与同学互评、家长评价、教师评价所产生的结果误差，使评价结果尽量客观公正。三是对学生责任教育的评价要具有全面性，要以肯定成绩、肯定进步为主，防止过多谴责现象的出现。四是采取各种方法保证责任教育活动的可持续性。

# 第三节　大学生责任意识的培育

## 一、大学生生态责任意识的培育

### （一）大学生生态责任意识的内涵

大学生是青年群体的重要组成部分，他们有尝试新事物的勇气和灵活的创新思想；他们是推动社会进步的重要力量，是社会主义的建设者和接班人；他们的生态责任意识至关重要，关系到我国生态文明建设。大学生生态责任意识包含自我生态责任意识和社会生态责任意识两方面的内容。

1. 大学生自我生态责任意识

大学生自我生态责任意识是指大学生对生态环境做出的主动性选择，并根据生态行为后果是否与生态环保要求切合而产生的生态情感意识。当大学生从心里认同生态责任时，生态责任就会变成他们内心的自觉活动，成为推动他们自觉保护生态环境的重要力量。大学生应树立生态责任意识，主动承担起保护自然生态环境的责任，在看到他人有破坏生态环境的行为时也应当采取相应的措施进行制止，以维护人与自然和谐共生的生态局面。生态文明建设是一项利在千秋的长期工作，它是经济发展方式的转变，更是思想观念的转变。大学生需要树立生态责任意识，包括对生态知识的认识、对保护生态环境的情感认同和对生态环境的价值取向等。

## 2.大学生社会生态责任意识

大学生社会生态责任意识是指大学生从内心认同生态文明建设，从心底接受保护生态环境所承担的社会生态责任，并将自己的社会实践行为与生态文明建设和美丽中国建设联系起来，用自己的生态行为活动改善生态自然环境，让生态责任意识自觉约束生态行为。大学生社会生态责任行为就是在生活中自觉将生态责任意识转化为外化的生态文明行动，如节约资源，不过度消费而加剧资源的消耗，注重绿色环保，自觉遵守环境保护法。因为认知世界的目的是改造世界，要增强大学生的社会生态责任意识，所以大学生的社会生态责任意识和社会生态责任行为是内在联系的，应促使大学生在生态责任意识的引导下将内化的理念转化为外化的生态文明行为，推进生态文明建设和美丽中国建设。

### （二）大学生生态责任意识的特点

大学生是一个年轻而有活力的群体，他们特色鲜明，普遍具备一定的科学基础和文学素养，自身也处于不断学习发展的阶段，他们可塑性较强，但也易受周围环境的影响。这些特点使得大学生的生态责任意识也具有鲜明的特点，大学生生态责任意识的特点有以下几个方面。

#### 1.可塑性与稳定性

大学阶段是个人快速成长的关键时期，大学生处于不断接受外部知识的学习阶段，有较大的发展空间。在行为习惯培养过程中，大学生体现出很强的塑造性，他们会向老师学习、与同辈探讨，潜移默化地改正生活中的不良习惯。大学生处于成长的重要阶段，应接受生态责任培养教育，树立生态责任意识，生态责任意识能够逐渐改变大学生的思维方式及言谈举止，使生态环保行为由开始的刻意转变为最后的自然，经过时间的沉淀，融入大学生生活的每个方面，行为习惯一旦养成，就极具稳定性。在培养过程中，要充分利用大学生的可塑性和稳定性引导他们树立生态责任意识，养成良好的生态行为习惯。

#### 2.复杂性与多样性

大学生生活在信息多元化的时代，生态领域的信息亦呈现多元化趋势，这些特点决定了大学生的生态责任意识是复杂多样的。大学生的生态责任意识是基于时代背景产生的，树立生态责任意识的目的就是改变生态环境，解决生态危机问题。生态环境遭到破坏的原因涵盖诸多方面，如受到社会功利化价值观的冲击、受到经济发展水平的限制、受到生态文化道德的影响和受到生态消费意识异化的影响等。大学生面对复杂多样的信息，其生态责任意识也表现出一定的复杂性。

### 3. 普遍性与特殊性

除了上述特点，大学生的生态责任意识还具有普遍性和特殊性的特点。在生态危机的背景下，每个人或多或少都有对生态环境的要求，都希望生活在环境优美、适宜居住的美好家园，大学生对优美生态环境的向往也是一样的，从这个角度出发，其生态责任意识具有普遍性。大学生的生态责任意识各有特色，所以生态责任意识也具有特殊性。由于大学生所受的生态教育不同，所处的家庭生态氛围不同，他们呈现的生态价值观也有一定差异，这种差异则通过大学生的生态责任意识显现出来。

大学生的生态责任意识需要长期教育和多次实践才能树立起来，在教育引导过程中，可以利用大学生的可塑性特点，将生态责任意识的种子"植入"大学生内心。在反复实践中利用普遍性和特殊性特点，因材施教的教育培养使生态责任意识在大学生心中生根发芽，通过教育培养不断提高大学生生态责任意识的自觉性，使其养成良好的生态文明习惯。

### （三）培养大学生生态责任意识的意义

生态责任意识缺失是发生生态危机的重要原因。提高大学生生态文化认识，使大学生树立生态责任意识，不仅可以丰富高校教育体系的内容，提升大学生的综合素质，促进他们全面发展，而且有利于国家推进生态文明建设和美丽中国建设。

### 1. 有利于推进美丽中国建设

（1）有利于推进生态文明建设。工业革命提高了人类的科学技术水平，同时意味着人类对自然的侵害与破坏力量加强。以征服占有为手段促进经济发展必然遭受自然的反噬，一系列的生态问题呈现在人类眼前，人类不得不重新审视人与自然的关系。面临频发的生态危机问题，我国提出了生态文明建设的理念，提出了尊重自然、顺应自然的生态观念。要加强生态文明建设，就要先做到思想观念上的改变，如果思想上的误区不纠正，生态环境就难以有所改善。大学生是推进生态环境改善和生态文明建设的重要力量，新时代要加强大学生生态责任培养教育，提高大学生的生态知识水平，使大学生形成良好的生态责任意识。大学生要将学到的生态环保知识应用于实际，以自身的实际行动保护自然生态，推进生态文明建设和美丽中国建设。

（2）有利于实现人与自然和谐共生。大学生是公民的重要组成部分，他们的生态责任意识能够在一定程度上反映公民的整体水平。要加强大学生生态责任意识教育，通过教育提高大学生生态责任意识和生态道德水平，引导大学生树立正确的生态观念，使大学生树立绿色和谐、可持续的发展观，并以此为指导，做生态环境保护的践行者，形成维护生态环境的主观性和自觉性，为其他公民树立积极的榜样，从而促进人与自然的和谐相处。毫无疑问，新时代大学生生态责任意识教育应不仅能够提升大学生的思想道德觉悟，而且能够促进大学生自觉履行生态责任，推动和谐社会建设。

### 2. 有利于促进校园生态文化发展

新时代，国家高度重视生态文明建设，培养生态责任意识和践行生态责任行为逐渐成为推进美丽中国建设的现实需要。高校是大学生生态责任意识培养的主阵地，生态责任意识教育作为大学生教育的一部分，其地位越来越重要，要不断发展创新，与时俱进，把生态责任意识引入大学校园文化中，建设校园生态文化平台，促进校园生态文化多元发展。百花齐放的校园生态文化环绕在学生周围，能使大学生生态文化认识与生态保护实践有机结合，促进大学生生态责任意识觉醒。要培养大学生的生态责任意识，就要在良好校园生态文化的基础上让大学生养成正确的生态行为习惯，自觉承担保护生态环境的义务。

### 3. 有利于提升大学生的综合素质

（1）有利于提高大学生的生态认识水平。要加强大学生生态责任意识培养，就要通过教育宣传提高大学生生态认识水平。生态认识是作为主体的大学生对客体自然环境的认识，在大学生生态责任教育体系中，要激发大学生对生态领域的兴趣，使大学生深刻把握人类与自然之间的关系，意识到自然是人类的生存空间，人类与自然是命运共同体。通过教育培养增强大学生对生态环境的责任情感认识，并以此情感为中介，引导大学生主动爱护自然、保护自然环境，促进大学生养成良好的生态行为习惯。

（2）有利于促进大学生全面发展。培养大学生生态责任意识可以提升大学生的综合素质，包括责任意识与担当能力。在生态文明建设背景下，增强大学生生态责任意识，不仅可以促进生态环境保护工作，而且可以增强大学生的担当意识，促使大学生树立节约资源的消费观念。新时代高校应加强大学生生态责任意识培养，通过教育引导大学生养成良好的生态行为习惯，提高大学生的道德观念，最终促进大学生全面发展。

### （四）提高大学生生态责任意识的实施路径

在生态文明建设的时代背景下，要提高大学生的生态责任意识需要有良好的社会氛围、高校教育工作者的耐心引导、优良的生态家风和大学生的自身因素等。大学生生态责任意识培养工作是一个长期的、反复的和逐步提高的过程，增强大学生的生态责任意识需要社会、高校、家庭和大学生个人共同努力。

1. 优化大学生生态责任意识培养的社会环境

社会环境复杂多变是造成大学生生态责任意识缺失的重要原因，应充分利用社会力量，优化大学生所处的社会环境。优良的社会环境不仅会影响大学生生态价值取向，而且会促进大学生生态责任意识的发展，也会引导大学生树立正确的生态价值观念，养成良好的生态行为习惯。要优化大学生所处的社会环境，就要有完善的社会生态制度、正确的生态价值观念和正能量的生态舆论导向。

（1）构建人与自然和谐相处的社会生态环境。人与自然和谐相处是解决生态危机频发的重要法宝。个人是社会存在物，大学生在社会环境中学习和生活，要培养、提升大学生的生态责任意识，首要任务就是营造人与自然和谐相处的社会生态环境，营造良好的社会生态文化氛围，使大学生树立正确的社会生态价值观念。

（2）加强社会生态环境的法治保障。生态责任是自觉诉求，需要外在的生态环境法律法规予以支撑。保护生态环境必须依靠法律制度，提高大学生的生态责任意识必须有完善的法律制度作为支撑。要以完善的规章制度规范引导大学生的生态行为，以严格的法治引导全社会树立正确的生态价值取向，将提高大学生生态责任意识提升到法律层面，为生态责任意识培养提供强有力的法律保障。

（3）发挥社会舆论的导向作用。大学生生态责任意识的培养不仅需要大学生自身生态责任观念得到根本改变，而且需要外界环境对他们的行为加以引导。要加强社会媒体和网络媒体的宣传作用，充分利用社会舆论的导向作用，提高大学生的生态责任意识，促使大学生养成良好的生态行为习惯。

## 2. 发挥高校大学生生态责任意识培养的主阵地优势

要增强大学生的生态责任意识，就要充分发挥高校的教育主阵地优势。高校要重视大学生的生态文化知识水平，开设有趣又生动的生态教育课程，并选拔有生态素养的教师来讲授，以此推动大学生生态责任意识的形成和发展，提升大学生生态道德素养。

（1）开设生动有趣的生态教育课程。提高大学生生态责任意识离不开教育引导，高校应该开设生动有趣、科学、系统的生态教育课程。优秀的生态教育课程不仅可以增长大学生的生态理论知识，而且可以激发大学生的生态道德意识和生态责任意识。由此可见，生态教育课程是培养大学生生态责任意识的重要途径。

（2）加强高校生态教师师资队伍建设。教师的生态素养是培养大学生生态责任意识的重要因素，只有不断提升教师的生态素养和生态教学能力，才能对大学生生态责任意识进行更好更有效的指导教育。高校教师的生态素养水平会影响大学生生态责任意识培养进程，因而必须提升教师的生态教育能力，丰富高校教师的生态理论认识，建设一支优良的师资队伍。

（3）开展校园生态文化建设。优美的生态文化校园氛围是培育大学生生态责任意识的重要载体，高校应完善绿色校园的生态建设，科学规划绿色校园基础设施建设，注重生态责任意识理论培养，积极开展社会生态实践活动，营造良好的生态校园文化氛围。

## 3. 树立良好生态家风，促进大学生生态责任意识养成

在培养大学生生态责任意识的过程中要充分发挥学校教育与家庭教育的合力，贯彻生态责任教育的一致性和连贯性。要重视家庭生态责任教育，家长要以优良的生态家风促进大学生生态责任意识的提高。积极健康的家庭生态环境会对大学生生态责任意识起到促进作用，正如《墨子·所染》中的"染于苍则苍，染丁黄则黄"。大学生生态、责任意识培养如同染丝线，良好的环境可以影响和熏陶大学生的生态责任意识。应加强家庭的生态责任教育，以优良的生态家风促进大学生生态责任意识的增强。

（1）加强家庭的生态责任教育。家长是子女的第一任教师，子女的生态价值观念和生态责任意识受家庭精神风貌和道德品质的影响。因此，在大学生生态责任意识培养过程中，家长要提高对生态领域的关注度，主动对子女进行生态责任教育，并以实际行动规范子女的生态行为，使子女在耳濡目染

中增强生态责任意识，提升生态道德修养。

（2）家长树立生态责任榜样力量。在家庭生态责任教育中，家长要以身作则，通过榜样示范的表率作用规范子女的生态行为。在日常生活中，家长要树立生态责任榜样力量，为子女树立正确的生态模范形象，促使子女形成正确的生态价值观念。

### 4. 提升大学生生态责任意识的自我教育能力

要明确培养大学生生态责任意识的内部矛盾和外部矛盾。增强大学生生态责任意识，不仅需要外界环境的配合，还需要源于大学生内心的主观意识。要重视大学生自身的生态责任意识，原因是事物的内部矛盾是推动事物发展的动力因素，大学生要积极主动增强自身的生态责任意识，提升自我教育能力。

（1）增强大学生自我教育能力。增强大学生生态责任意识不仅需要社会、学校、家庭的教育，还需要大学生充分发挥自己的主观能动性，提高自己学习生态知识的主观意愿。在培养大学生生态责任意识的过程中，要提升大学生的自我教育能力，培养大学生的慎独意识，使其由外在环境的他律转为积极主动的自律。

（2）养成良好的生态行为习惯。人类认识世界是为了更好地改造世界。在大学生生态责任意识培养过程中，增强大学生的生态责任意识，使其树立正确的生态文明理念，是为了促使大学生养成良好的生态行为习惯，积极践行生态实践活动，以自身行为推动生态文明建设和美丽中国建设。

## 二、大学生网络责任意识的培育

### （一）网络责任意识的内涵

大学生的责任意识是大学生个人在对自身所处的现实社会的深刻认识与了解的基础上，认识到自身所应当承担的对他人与社会的责任，并在认真履行职责的社会实践过程中，积极主动地把自身的学习、工作、生活的实践活动与社会的发展和进步相联系，把自身所应承担的责任转化到现实社会的实践行动中去的情感体验和认知态度。随着现代信息社会的快速发展与进步，以及教育的不断影响与深入，高校学生的责任意识已经明显得到提高。而对于网络责任意识，学界没有统一的定义，本书参考学者韩二磊对网络责任意识的定义："网络责任意识是指网络社会主体在理解自身在网络生活中的角色以及网络社会对网络主体的行为期望的基础上，对自身的网络行为以及可能产生的后果进行控制和把握，从而使得自身符合网络社会的内在要求的态度、情感和意愿。"①

由于网络自身独有的特征，处于网络世界里的大学生对如何正视自己的责任以及承担起对他人、对社会的责任，表现出较为鲜明的责任意识弱化甚至缺失的特点，甚至部分大学生难以把社会价值与自我价值统一起来。这一情况会对社会的稳定以及健康发展带来严重的威胁。大学生是一个较为特殊的群体，在社会的不断向前发展与进步中扮演着不可或缺的、极其重要的角色，这就必然要求大学生承担起其相应的责任。因此，加强大学生网络责任意识的培育并切实寻求培养的途径，着力于增强大学生的网络责任意识是当前高校面临的紧迫任务。

### （二）大学生网络责任意识培育的重要性

信息技术飞速发展，网络的高普及度以及开放性、便捷性、内容的丰富性等优势为大学生的学习提供了诸多方便，使得大学生的娱乐生活更为丰富多彩。但同时，它自身的这些特点也给大学生带来了许多消极影响。在新的历史条件下，高校如何正确、积极地应对网络时代的挑战，如何有效地利用网络的优势加强大学生网络责任意识的培育，对于提高高校学生的思想道德素质以及全面推进网络的健康发展与完善等有着积极的现实意义与价值。

#### 1. 网络责任意识的培育是大学生全面健康发展的需要

一个生命个体要实现价值，就需要将个人价值与社会价值进行统一。大学生作为当代最敏感、最活跃的群体，其价值观念也在社会信息化过程中发生了巨大变化。因此，高校教育工作者需要研究如何正确引导大学生在这纷繁复杂且虚拟的网络社会中找到自身价值，并把个人价值与社会价值统一起来，明确自己的人生价值。责任意识是一个人在自身所处的社会环境中，对自身的行为以及个人所承担责任的一种自觉态度。当代大学生要清醒地认识到自身所处的环境与位置，应在努力追求梦想、完善自我、实现自身价值的同时，勇于承担对社会的责任。处于信息时代的大学生只有将个人价值与社会价值统一起来，才能在不断努力创造社会价值的同时，使自己得到历练与成长并不断地自我完善，从而得以真正实现自己在社会中的价值。

---

① 韩二磊.大学生网络责任意识缺失问题及其对策研究[D].重庆：西南大学，2014.

## 2. 大学生网络责任意识的培育是网络健康发展与完善的需要

作为网络主体的另类生活空间，网络给大学生提供了诸多便利，读书、工作、交友、购物、娱乐等需求都可以在网络中得以满足，我们可以超越时间和空间的限制与阻隔，创造属于自己的虚拟空间。然而，网络在给人类带来一个神奇世界的同时，也造成了诸多难以克服和解决的问题。因而，网络的健康发展和完善与现实社会一样，同样需要责任教育的介入。

在网络环境中，人是网络及其中信息的主宰者，网络的操作、信息资源的交流与传播都要求人来完成。而不论是在网上学习、工作，还是进行网络购物、聊天、娱乐等活动，都不是与其他网络主体完全无关的行为，而是会对其他网络主体的利益与权利造成某些影响，或者说是有一定社会意义与价值的行为。因而，网络主体身处于网络空间中的一切活动同时也是道德活动，应对网络主体进行道德考察、道德评价以及相关责任的追究。网络个体责任意识的水平可折射出其网络道德水平，网络主体对自身的网络行为及其带来的后果的负责意识的程度关乎网络的健康发展和完善，网络主体责任意识的培育是至关重要的。大学生作为网络社会中的群体，其责任意识的高低关乎网络能否健康发展。因此，大学生个体应自觉提升自身的网络素养。通过对大学生进行网络责任教育，增强其网络责任意识，可以促进网络健康文明发展。

## 3. 大学生网络责任意识培育是高校思想教育工作的重要内容

网络技术的出现和迅速普及给高校师生的日常学习、工作和生活以及高校教育的改革与深化发展带来了极其深刻的影响，特别是对高校的思想教育工作造成了极大冲击，开展大学生网络责任意识教育迫在眉睫。

网络除了给大学生提供诸多便利，也让教育工作者亦可随时随地在网络中与学生进行平等的、自由的沟通和交流。网络为高校的教育工作以及教育工作者能力的发挥提供了一个很好的平台，能够使教育工作者对大学生实施的教育更有针对性，并产生实效。

网络空间特有的开放性、平等性、即时性、参与性等特点为当代充满好奇心、求知欲极强的大学生拓宽了视野，扩大了与他人交往的范围，网络大大激起了大学生的求知欲和想象力，这有助于提高大学生的综合素质。但同时，网络上存在许多不健康的、恶意的信息，如网络病毒、网络黑客和网络诈骗，威胁着大学生的身心健康和安全以及社会的发展和进步。大学生对于新鲜的事物都很容易接受，对未知事物的求知欲望极其强烈，所以他们更容易沉浸到网络这个虚拟化的世界中。在这样的情况下，对大学生开展网络责任意识教育显得尤为迫切。

如何做好教育与管理工作，如何对学生开展网络责任意识教育，做到积极引导学生健康、文明地上网，使学生保持较强的网络责任意识是高校思想教育工作的重要内容。应充分发挥网络对大学生成才的积极影响，做好各方面的引导教育工作，进一步加强对大学生网络责任意识的教育与培养，使大学生在网络世界中能够自觉地对自己的行为负责，并深刻认识到在网络环境中身负的对他人以及社会的责任。

### 4. 大学生网络责任意识的培育是构建和谐社会的需要

建设团结友爱、互帮互助、诚实守信、有责任的社会是我们国家在新阶段、新时代要求下的艰巨任务，也是我国构建社会主义和谐社会、实现中国梦的必然要求。大学生担负着建设有中国特色社会主义社会的历史重任，是社会主义事业的建设者和接班人。然而，随着网络对大学生影响的进一步深入，网络中信息资源的多样性和复杂性冲击着他们的人生观、价值观，对网络上存在的不健康信息的浏览以及不良网站的应用极易导致其观念发生扭曲。

高校以及社会应对这个问题予以重视，采取有效的措施，进一步加强对大学生的网络责任意识教育，以使网络社会与现实社会都得到健康的发展。显然，如果承担着重大历史责任的大学生群体的责任意识淡化或缺失，网络的发展与完善和整个社会的公民的责任意识以及现实社会的稳定发展都会受到重大的负面影响。因此，要构建社会主义和谐社会，就需要进一步加强对大学生的网络责任意识教育。

### （三）大学生网络责任意识培养的途径与方法

现今社会，网络覆盖面更加广泛，随着网络信息资源的不断完善以及信息传输速度的不断提升，人们对互联网的依赖性有增无减，网络对人们生活的各个方面产生着越来越重要的影响。当下的大学生与网络一同成长，并成为网络这一先进科技的重要使用群体，其人生观、价值观都会受到影响，应根据时代的特点以及大学生群体的特征有针对性地对大学生进行网络责任意识的教育、培养，做出积极主动的应对。

### 1. 加强大学生自我管理

网络信息种类繁多且良莠不齐，其中各种不良信息和消极的价值观念会对大学生造成冲击，导致其作出错误的道德判断以及是非选择。大学生不仅是现实社会中的主体，也是网络空间中的主体，现实社会与网络空间中的问题终究都要靠大学生自己来解决。因此，在网络时代，大学生要进行自我教育，加强自我管理，不断提升自身网络素养和自律意识。

（1）注重提高自身素养，树立自律意识。自律是指人们不需要被他人以及社会监督，就能自觉地遵守法律法规，而不是靠他人以及社会的规章制度来束缚自己。能否对自我严格要求取决于自觉性水平高低，故自律是一种内省活动。而他律则是来自外部的对人们进行监督、教育、批评等的一种约束，它是作为社会主体的个人能够不断进步与完善，以及社会能够健康快速发展所必需具备的外部条件。大学生只有能自觉地将自律和他律有机地结合起来，使自己作为责任主体的地位通过自我的自律教育凸显出来，使自己作为责任主体的责任意识被唤醒，才能使他律的行为和活动转变为自律的行为和活动，使自我教育、自省的能力得到提升，从而自觉地遵守网络行为规范、道德规范。

从责任角度来看，网络社会的和谐有序客观上要求网络主体加强自我管理，提升自身素养。对于大学生网络责任意识的养成，学校的环境及教育与社会环境的熏陶及影响十分重要，起到外部的促进作用，但也少不了网络主体的自我要求、自我约束以及自律意识的树立。大学生作为祖国重点培养的人才，理应注重提高自身的综合素质，以正确的价值观武装自己，增强自律意识，管理好自己的学习、工作与生活。

（2）积极参加实践活动。提高大学生网络责任意识的关键是使大学生从内心深处自觉地产生承担他人责任、社会责任的意识。第一，大学生应把自身素养的提高与网络实践活动相结合。仅仅将培养大学生的网络责任意识寄托于学校理论课的灌输、教育是不够的，还需要开展一系列的实践活动，并把实践活动与理论教育相结合，才能让大学生认识并切身体会网络责任意识的重要性。大学生由于主动参与其中，久而久之就会养成在上网时对他人负责的习惯，这样也就达到了教育的目的。第二，高校要做好各方面的引导教育工作，使大学生积极地参加到社会实践活动中。高校应着力为大学生创造更多条件，尽可能地为大学生创设更多的有利于其健康发展的实践机会和平台。这样也可使生活在大学校园这个象牙塔里的大学生通过参加各种社会实践活动了解当前的国情、民情，并适应社会以及融入社会中，逐步提升独立生活能力和人际交往能力，在社会实践活动中受到教育，从而能自觉地树立对他人、对社会的责任意识。

2. 加强校园网络环境建设

高校是大学生道德教育与网络责任教育的主阵地，校园网对于大学生来说是复杂多变的网络空间中的一方净土。构建和谐的校园网络环境，营造和谐的网络氛围，创建健康的校园网页与论坛，对于培育大学生的网络责任意识具有促进作用。因此，高校要切实加强校园网的建设，使之成为增强大学生网络责任意识的重要载体。

（1）依托校园网，创建具有科学性的校园网站。21世纪，人类社会的高度信息化使现代教育面临一系列的改革，网络的发展对高校中传统的教育模式带来了巨大挑战。如何利用网络的优点，培育具有正确价值观的优秀大学生成为高校教育的当务之急。正是在这种背景下，校园网络文化建设日益受到重视，被提上了高校建设的日程。高校要利用好网络资源信息丰富以及沟通便捷的优势，创建一个具有知识性、科学性、趣味性的校园文化网站，为大学生打造一个精神的港湾。学校可在校园网站上创建德育课程、教育论坛、心理咨询、校园博客等模块，让学生能够在校园网里找到自己想要了解的信息以及抒发自己的情感。高校应创建一个健康有益且内容丰富的校园网站，让学生不仅有一个自己喜爱的、符合身心发展特点的健康网站可上，还可以随时从中获取丰富的教育资料；营造开放、自由、民主的网络氛围，充分发挥校园网站的育人作用。

（2）加强校园网络的监管。由于高校师生对网络的依赖性与日俱增，而随着高校校园网络规模的不断扩大、用户数量的飞速增长，高校的校园网络受到攻击的情况也时有发生，校园网络的安全问题显得格外突出，已成为校园建设中不可忽视的重要问题。现今世界各国都非常重视对高校校园网络的监督和管理。由于网络存在开放性和隐蔽性的特征以及大学生身心发育还不成熟、好奇心极强，对于网络的监督以及管理就显得更为困难、复杂。为防止不良信息在网络上传播而造成危害，要加强校园网络的规范化管理，设立校园网络管理机构，对网络信息内容进行积极监控，加强信息筛选、过滤；做好应急机制，及时应对和处理校园网络的攻击事件，防止黑客、病毒的攻击，避免垃圾信息、非法信息、病毒信息在校园网络上传播。

现今大学生宿舍基本都接入了互联网，学生可随时上网，而很多学生对于网络有一种向往与迷恋，这使得他们无法很好地控制自身的网络行为。因此，要加强大学生网络安全教育和责任意识教育，并对他们进行健康网络行为的积极引导，对他们的上网时间进行监管，防止他们沉迷网络，促使他们形成文明、健康上网的自律意识，以使他们自觉树立网络责任意识。

### 3.加强网络管理，净化社会网络环境

互联网技术在不断发展进步，新变化不断出现，却并没有自然而然地带来更健康有序的网络环境。相反，很多网站受到经济利益驱动，大肆发布虚假信息；网络犯罪、网络病毒和各种黑客现象时有发生。纷繁复杂的网络环境亟待净化。为了促进高校大学生网络责任意识的形成，为了维护网络社会的平等和自由，使校园网络得以正常、健康运行，对于网络的管理，我们必须予以高度重视。

（1）加大网络监控力度。一般来说，网络的正常运行需要网络技术的支持。因此，要建立健康的网络秩序就必须重视对网络技术的发展和完善。网络空间中的主体之所以会出现不负责任的行为，很大一部分原因就在于网络主体在网络空间的活动很少留下痕迹，这就为自控力不强、责任意识较弱的人或违法犯罪分子等网络主体的不道德、不负责的行为甚至犯罪行为留下很大的余地，他们在网络空间中自由穿梭，为所欲为，却不必担心被抓到。

从目前来看，网络垃圾、网络病毒等有害信息日渐猖獗，网络黑客也层出不穷，危害到了人们的利益，特别是大学生这一网络使用群体受到了很大的影响与冲击，社会的稳定也受到了威胁。因此，无论是国家还是高校都必须予以高度重视，采取积极有效的措施，加快对网络信息安全技术的研发并尽快应用，从技术上对道德失范和犯罪行为进行一定的控制和督查。应充分采用先进的科学技术手段，严密地对互联网、校园网的入口进行监控，对不健康、有害的网络信息进行过滤，防止低俗等不良信息在互联网上传播。同时，对重大有害信息、网络病毒等会对学校和社会的稳定产生消极影响的问题，设立有针对性的网络管理部门，不断完善网络应急处置工作机制，使大学生免受网络不良信息的侵扰和伤害。

（2）依法治网，约束网民行为。与现实社会一样，网络的有序健康发展也需要一定的约束与管理，也就是说，在人们自觉树立网络责任意识的基础上，还需要外部的力量，以达到提高大学生网络责任意识、打造健康的网络环境以及维护社会稳定的目的，而这种外部的力量得靠法律进行明文规定这样一种强制力量来实现。相关部门和高校应该用法律的强制手段，对网站运营、网络文明等进行明确规定，为大学生营造积极、健康、向上的网络环境。

# 第三章
## 当代大学生道德责任的培育

# 第一节 道德、公民道德与道德责任的含义

近年来，"公民道德"一词频繁地出现在人们的生活中。要正确理解"公民道德"，就必须理解道德的本质与功能、公民与公民道德的含义等。大学生作为公民的一分子，对其进行道德责任培育至关重要。

## 一、道德的本质与功能

### 1. 道德的本质

在我国古代，"道"和"德"起初是两个分开使用的概念。"道"表示人所走的路，后来引申为事物运动变化的规律。而"德"意为"上升"，后来引申为某种原则。"道"与"德"二字的合用始见于《荀子·劝学》："故学至乎礼而止矣，夫是之谓道德之极。"也就是说，人们在社会生活中，如果一切都按照社会规则去做就能达到道德的最高境界。这里的道德概念就开始具有评价、规范人们行为的意义了。我国最早系统论述道德问题的专著《礼记》更为详尽地描述、记载了那个时代的道德规范和人们修身养性的途径。在西方，"道德"一词源于拉丁语中的"mores"，一般是指风俗、习惯，后引申为道德原则、道德规范、行为品质和善恶评价等。

### 2. 道德的功能

道德和一切意识形态一样，对社会经济基础起着巨大的反作用。当一定的道德适应社会生产力发展时，便能推动社会的发展，对社会发展起到积极的推动作用；反之，则起消极阻碍作用。长期以来，人们过分神化了道德，只要一提起道德，就觉得其境界高不可攀。其实，虽然道德本身有很复杂的层次，但它也只是社会意识形态中的一种而已。无限地拔高道德只能使其凌驾于现实之上而失去对现实的指导作用。同样，过分依赖道德也会产生"道德决定论"的副作用，误以为只要道德水平提高了，一切问题都会迎刃而

解，这显然违背社会存在决定社会意识的原理。而贬低或否认道德的能动作用的"非道德主义"同样是违背历史唯物主义基本原理的。因此，既不要无限扩大道德的功效，也不要忽视道德的作用，而正确、客观看待，这才是我们今天应有的科学态度。

所谓道德的功能，是指道德对产生它的社会经济关系，包括人类自身的生存、发展和完善的功效及意义。简单来说，道德既是社会调控的一种重要方式，又是个人自我完善的一种特殊的精神力量。道德的功能具体表现在以下四个方面。

（1）道德具有促进自己赖以产生的经济基础的形成、巩固和发展的作用。一定的道德总是以自己的善恶标准去证明产生其经济基础的合理性，并通过善恶评价制造相应的社会舆论，去谴责、否定不利于和危害它的经济基础的思想与行为，从而为一定的社会经济基础服务。

（2）道德具有维护社会稳定的作用。道德通过评价、教育、示范、激励的方式和途径，调节个人与个人、个人与社会的交往行为，必然会对个人与自然、个人与社会、个人与集体、个人与国家的关系产生重大影响。进步的道德能够保证人们日常生活和交往的正常进行，形成友善、协调、团结、和谐的社会环境，从而维护社会生活的相对稳定。

（3）道德具有培养一定道德理想和道德品质人才的作用。在社会发展过程中，无论哪个阶级作为统治阶级，都需要能代表本阶级利益的人来为自己服务。因此，他们就必然按照本阶级的利益、愿望来培养与塑造具有本阶级道德理想和道德品质的人才。这种培养作用主要是通过道德教育和道德实践来实现的。

（4）道德具有提高劳动者的素质、促进社会生产力发展的作用。在社会生产力中，人（劳动者）是最重要的因素。人的活动是受思想影响和支配的，一种进步的道德观念被人们接受后，必然会对人们的劳动态度、工作效率产生积极影响，从而推动社会生产乃至整个社会的发展。道德作为一种特殊的社会意识形态，是任何其他社会意识和上层建筑所不能代替的。正因为道德有如此重要的作用，所以历代的统治阶级及思想家都很重视道德问题。

## 二、公民与公民道德

### 1. 公民与公民责任

"公民"这个概念表示的是公民与国家之间的一种特定的法律关系，以及公民自己意识到的相对社会和国家的责任及义务。公民的基本权利及义务原则上应当是由宪法和相关法律界定的。权利意味着责任，尊重和保障他人的权利就是保障自己的权利。因此，个人的自由平等是每个公民的神圣不可侵犯的权利，更是公民为了自身安全和社会进步而必须实践的义务。

公民意识欠缺会导致公民责任感淡漠。在日常生活中，一些公民的行为表现出随意性，如随地吐痰、乱闯红灯等。很多人不能认识到尊重他人与尊重自己是统一的。因此，增强公民意识，提高公民的责任感，任重而道远。

### 2. 公民道德的时代内涵

在现代社会，公民的利益和幸福有赖于公民自身素质的提高，社会的进步有赖于公民以民主和法治的方式来推动，这种良性互动是一种遵守程序、遵守规则的行为。因此，有序推进、积极参与就成为公民谋求个人发展，推动社会进步的基本原则。在这一原则指导下，谋求社会发展进步的基本方式就是支持与引导公民提高素质，尤其是提高公民道德水准是我国谋求社会发展进步的重中之重。

公民道德是道德的一种特殊形态。权利与义务的统一是公民道德不同于一般道德形态的特质。公民道德应该围绕公民的权利义务关系反映公民对待个人与他人、个人与国家、个人与社会关系的道德观念、价值取向、行为规范等。在现代中国公民应有的素养中，"爱国守法、明礼诚信、团结友善、勤俭自强、敬业奉献"是最基本的道德规范。

## 三、公民道德建设的领域

在社会生活中，人们的道德活动是多种多样的，涉及很多领域，概括起来主要有三个最基本的领域：社会公共活动领域、职业活动领域和家庭活动领域。与此对应地，就分别形成了社会公德、职业道德和家庭美德。这"三德"是社会道德建设的主要内容，社会道德建设要坚持以社会公德、职业道德、家庭美德为着力点。

### 1. 社会公德

社会公德有广义、狭义之分和层次之别。广义的社会公德是相对私德而言的，包括道德规范系统中的家庭道德、职业道德、环境道德等各个子系统；而狭义的社会公德则仅仅指最基本的道德层次，即全体公民在社会交往和公共生活中应遵循的行为准则。这里所讲的社会公德就是狭义的社会公德。

（1）文明礼貌。这是中华民族的优秀传统美德，是人们为维系正常社会生活而共同遵守的最起码的道德规范，做到一时的文明礼貌并不难，关键是要在时时处处体现。主要表现为以下几点。首先，卫生整洁，仪表文明。这是文明礼貌的最基本要求，包括面容洁净、头发整齐、早晚刷牙、饭后漱口、经常洗澡、勤换衣服等。其次，仪态优美，举止文明。有道是"站如松，坐如钟，行如风，卧如弓"，这就是对"仪态优美"的形象概括。此外，还应注意神态，如与人接触时要面带微笑，自然大方。再次，谈吐礼貌，语言文明。要习惯运用礼貌语言，如"谢谢""劳驾""对不起""没关系"等，请别人帮忙要说"请问""请帮忙""请多关照"等。与人交谈应诚恳、亲切、简洁、得体，还要学会专心倾听，切忌高声说话、喋喋不休或者旁若无人。最后，遵守礼仪，行为文明。要杜绝在大庭广众之下做出剔牙缝、掏耳朵、挖鼻孔、挠痒等有损形象的行为。生活中问路、乘车、购物、称呼、交往等都有约定俗成的文明准则，应注意遵守。文明礼貌的要求很多很细，需要认真细致地去把握，但要做到也并不困难，只要处处留意、时时约束，一定会成为一个文明的、有教养的人。

（2）助人为乐。这是现代社会人们共同遵守的最起码的道德规范。要做到助人为乐，需从以下四个方面入手。首先，助人要有善良的动机和出发点。帮助别人应是尽己所能解除他人困难，使他人获得快乐和幸福。其次，助人要有实实在在的结果，即确实帮助别人脱离了困境，或确实方便了他人。如果只有助人的良好愿望，却没有以实际行动使他人得到有效帮助，就不能算作助人为乐。再次，助人要长期积累，不断去做，要靠长期修养来养成内心自觉的助人习惯。不能把助人为乐理解成一时一刻的活动。最后，助人为乐的方式很多，可以是在日常生活中经常帮助别人，如帮助同事、同学、朋友、亲戚等；也可以是经常参与公益活动，发扬"一方有难，八方支援"的精神，体现自己的爱心、同情心和牺牲精神。

（3）爱护公物。首先，爱护公物就要爱护国家财产。如工厂、矿山、银行、车站、飞机场、铁路、公路、商店、影剧院、博物馆、图书馆、展览馆、文化馆以及各类院校等，都是全体人民长年累月通过辛勤劳动创造的财产，关心、保护和珍惜这些公共财产，不让它们流失和被破坏，是每个公民应尽的责任。同时，爱护公物还体现在尊重和爱惜他人的劳动成果。这是爱护公共财物的一个特殊表现和应有之义，亦是现代人基本的道德素养。其次，爱护公物就要爱护国家的自然资源和自然环境，包括水资源、矿产资源和动植物种群，还有各类生产、生活设施，如绿地、草坪、电话亭、公厕和地下排水管道及防灾设施等。最后，爱护公物还要爱护历史文物、保护古迹。文物古迹是中华民族悠久历史的见证，是祖先留给我们的宝贵遗产，具有无可替代、难以估量的物质和精神价值。作为公民，必须努力保护好文物古迹。

（4）保护环境。这里的"环境"指的是自然环境和人化自然环境，是人类赖以生存和发展的客观条件。保护环境是维护人类共同利益的具体体现，符合各国、各地区、各民族人民的共同利益和长远利益，是社会公德的重要内容。保护环境，不仅是指讲究卫生、美化个人生活环境等，而且包括减少环境污染、维护生态平衡。保护环境就是保护人类自己，应从自身做起，从身边的小事做起，反对浪费，不乱倒垃圾、污水，不损坏各类环境卫生设施。此外，还要积极参加植树造林、绿化祖国的活动，自觉承担植树义务，爱护花草树木，保护绿化成果。

（5）遵纪守法。遵纪守法的基本要求有以下几点：首先，增强法律意识，增强法治观念，做到知法、懂法、守法、护法；其次，严格遵守各项法律和纪律，不做任何违法违纪的事；再次，自觉遵守和维护公共秩序，如遵守交通规则，遵守乘客规则，排队购物、买票，参观游览时爱护公共设施、保护文物，保持居住地环境整洁，不乱倒垃圾、乱堆物品，上下车扶助老、幼、弱者，等等；最后，坚决同一切违法违纪行为做斗争。

社会公德在公民道德建设中占有十分重要的地位，它是公民个人修养的体现，也是社会文明进步的标志，对职业道德、家庭美德等方面的建设都起着引领作用。做好公民是做好职工和做好家庭成员的前提；社会公德也是敬业精神、奉献精神、牺牲精神等更高道德境界的基础。每个公民都应当把遵守社会公德作为加强个人修养、完善自身人格的基本功来付诸实践，使社会公德意识深入人心，从而为全面提高整个社会的道德水平奠定坚实的基础。

2. 职业道德

所谓职业道德，是指从事一定职业的人们以责、权、利的统一为基础，以协调个人、集体和社会、国家的关系为核心的职业行为准则和规范体系。职业道德是一种高度社会化的角色道德，它伴随社会分工的产生、发展而产生、发展。职业道德不仅是道德系统中一个有特色的、新兴的子系统，还是一个很有代表性的、起中坚作用的道德层面。

（1）爱岗敬业。这是职业道德规范的基础，它要求企业职工树立正确的职业理想，干一行，爱一行，精一行。要做到热爱自己的工作岗位，就不能仅仅把职业当作"饭碗"，而应该满腔热情、全力以赴地进行创造性劳动，在岗位上做出成就；应该脚踏实地，不怕困难，有吃苦精神；应该忠于职守，团结协作，认真完成工作任务；还应该钻研业务技术，提高工作技能，勇于革新，做行家里手。爱岗敬业来自职业自豪感。而职业自豪感在于把个人的理想融入全国人民的共同理想中，把个人奋斗融入为本单位的振兴发展和社会主义现代化建设事业进行的奋斗中，将爱国家、爱本职工作紧密结合起来，从中汲取爱岗敬业的巨大精神力量。

（2）诚实守信。这是职业道德的基本准则，也是做人的基本准则。它要求职工做老实人、说老实话、办老实事，用诚实劳动获得利益和报酬，讲信用，重信誉，信守诺言，以信立业。在市场经济条件下，诚实守信就显得尤为重要，要强调平等竞争、以质取胜，反对弄虚作假等行为。

（3）办事公道。这是职业道德的外在表现。它要求从业者坚持公平、公正、公开的原则，秉公办事；处理问题应出于公心，合乎政策；结论应公允，从而主持公道，伸张正义。它要求领导干部清正廉洁、克己奉公，反对以权谋私、行贿受贿。对职工来说，办事公道就是要在工作中杜绝各种不正之风。

（4）服务群众。即听取群众意见，了解群众的需要，为群众排忧解难。对职工来说，服务群众就是要全心全意为自己的工作对象服务，端正服务态度，改善服务措施，提高服务质量，为所服务的对象的工作和生活提供便利。反对冷漠推脱、吃拿卡要，抑制不正之风。

（5）奉献社会。这是职业道德的归宿。人在索取时得到的是自我价值，在奉献时显示的是社会价值，人的意义重点在于社会价值。奉献社会要求公民有社会责任感，为国家和本单位的发展尽心尽力；承担社会义务，自觉纳税，扶贫致富，不忘国家；艰苦奋斗，顾全大局，必要时牺牲局部和个人利益，反对只讲索取、不尽义务的行为。

职业道德的灵魂是为人民服务，即服务群众、奉献社会。为人民服务凝聚着马克思主义的世界观和价值观，是各项社会主义事业的共同本质和价值导向。它贯穿职业道德的方方面面，职业道德的核心是爱岗敬业。职业道德的外在要求是诚实守信、办事公道。

3. 家庭美德

家庭美德是指调节家庭成员之间关系以及家庭与家庭、家庭与社会之间关系的行为规范体系。家庭是社会的细胞。家庭作为每个人接受道德教育的第一所"学校"，对人的世界观、人生观、价值观的形成影响极大，是其他教育形式无法替代的。因此，家庭美德建设是社会主义思想道德建设的一项基础工程，是发展先进文化的重要内容。家庭美德建设对于社会公德、职业道德的形成有重要影响。

（1）尊老爱幼。尊老的要求：在家庭中，子女要从物质生活、精神生活两方面给予老人照顾、安慰，任何虐待老人的行为都是不容许的。爱幼的要求：在家庭中，父母对子女要承担起抚养和教育的责任，要注意从生活上关心和照顾子女，更要注意用理想道德教育子女，绝不允许遗弃子女，要把子女培养成为有理想、有道德、有文化、守纪律的社会主义建设者和接班人。

（2）男女平等。它是指婚姻双方在经济上的权利、义务的平等和人格的平等。夫妻之间的平等、互助体现为夫妻双方都承担家务，平等共处；遇事要先商量、先沟通，之后再作出决定；遇到问题时，双方要耐心细致、心平气和地协商解决。

（3）夫妻和睦。家和万事兴，夫妻双方必须遵守互敬、互爱、互信、互勉、互谅、互让、互帮的道德准则。夫妻之间应该彼此关怀、体贴，学会宽容、谅解对方，做到夫妻和睦。

（4）勤俭持家。应从家庭生活的一点一滴做起，包括节水、节电、节省煤气、节约粮食和不浪费瓜果蔬菜；平时精打细算，量入为出，使家庭开支安排井井有条，取用有度，倡导文明的消费观。

（5）邻里团结。包括主动关心、帮助邻居；相互礼让，宽容以待；为邻居着想，不干扰邻居的正常生活；等等。

家庭美德建设要重点突出长幼、夫妻、邻里三者的关系。即发展长幼亲情、发展夫妻爱情、发展邻里友情。我们应正确对待和处理家庭问题，在家庭里扮演好自己的角色，共同营造团结友善的家庭氛围，以"小"家促"大"家。

## 四、大学生道德责任

### （一）大学生道德责任的内容

#### 1. 自觉的道德责任观

大学生要想践履道德责任，必须先具备责任观，自觉的道德责任观是选择道德行为、进行道德行动的基础和前提，如果一个人连责任观念和意识都没有，他是无法做出有道德感的事情的。但是，这种责任观念不是生来就有的、天然存在的，而是在一定的社会条件下通过观察学习或不断实践、反复锻炼而逐步生成、持续强化的，是社会环境和个人主观努力综合作用的结果。形成道德责任观后，要继续将其转变为一种道德自觉，即在面临道德选择的时候大脑自觉呈现的一种倾向与状态，从而使个体主动选择利他的行为。这本质上是道德责任意识的综合体现，通过自主性和能动性，展现自身践履道德责任的力量，在对他人、对集体、对社会进行的责任实践中，将自我的道德责任意识外化。这样，道德责任观的形成就与自觉性紧密联系在一起。大学生是接受高等教育的群体，从年龄、心智、能力上看，大多数大学生都具备了相应的知识和良好的素质，高校德育的实施能够使其在道德上趋于健全。因此，大学生理应具备一定的道德责任认知，成为独立的道德责任主体，在面临道德选择的时候具备一定的道德自觉。

另外，从道德责任的这一特性来说，大学生的道德责任意识不能停留在固定不变的状态，相反，应在广泛的时间和空间范围内不断强化与完善，最终做到在责任面前，将"要我干"的压力转变为"我要干"的自觉，这样才能成为一个有责任感的人。

### 2. 强烈的自我责任观

按照责任对象的不同，可以将责任划分为对自己的责任和对他人的责任，自我责任观即个人对自己的责任，它是所有责任中最基本的责任，是对他人、对社会有责任感的基础和前提条件。大学生的自我责任观包括对自己的学习负责、对自己的人格负责、对自己的生命和健康负责、对自己的道德品质负责等。一个人先要对自己负责，继而从自我上升到他人和社会，才谈得上对社会负责；如果一个人对自己都不负责任，他根本无法承担其他责任。大学生是接受国家高等教育的群体，从他们掌握的知识、具备的相应能力、相对完善的人格来看，都应当呈现自觉自律的特征，他们理应具有强烈的自我责任观念，在面临多重选择的时候，在道德层面上具备一种自觉，本着一切对自己负责的态度去生存和生活，生存着眼于当下，目标是对当下的每一天负责；生活着眼于将来，目的是为人的崇高性更好地生活。

大学生还必须认识到了解自己、接纳自己、发展自己对于自己人生的重要性，绝不能对自己的事情敷衍了事、"差不多"即可，而要以一种进步的心态和行动积极迎接挑战。重视自己绝不是利己主义的表现，相反，这意味着每个人在认识和改造客观世界的过程中都必须认识个体的价值。对自己负责就是实现自我人生的价值，实现人生的价值。

### 3. 主动的家庭责任观

家庭是社会的细胞，是社会生活的基本单位，是个体的诞生地和第一所"学校"。换句话说，家庭是大学生接受道德责任教育的起点。大学生在年龄上已经属于成年人，他们接受了一定的教育，掌握了一定的知识，具备了相当的道德水平，虽尚未反哺家庭、贡献社会，但在日常生活中，承担自己力所能及范围内的对于家庭的责任依然是十分必要的。大学生应该树立一种责任观念，应该意识到自己作为家庭的一分子，对于它拥有一份不可推卸的、道德上的责任，这种对于家庭的责任意识也是大学生建立对社会、对国家责任意识的前提和基础。作为家庭成员之一，大学生一直受到父母的呵护、长辈的厚爱，接受着家庭无私的馈赠，理应为家庭的存在、发展和延续担负道德上的责任。虽然家庭是情感的栖息地，家庭生活是安全的生活状态，但是作为有意识、有理性的大学生，在家庭中绝不能只作为被动的客体而存在，而应作为主动的、能动的主体而存在，即大学生不能只是单方面受保护的客体，还应是主动付出、自觉给予的主体。在生活中，大学生应自觉承担家庭劳动的责任而不是一味地享受和索取，应自觉承担关心父母身体、体察父母辛苦、化解父母忧虑的责任，尊老爱幼，照顾长辈，心系兄弟姐妹，主动为家庭做贡献，努力营造温暖的家庭环境、团结的家庭关系、和谐的家庭氛围，为家族的延续和家风的建设贡献力量。

以上是大学生家庭道德责任的应然状况，是社会发展对大学生提出的要求，大学生作为社会中的重要群体，理应主动承担起上述责任并逐步形成一种自律，使其变成一种发自内心的对于道德规范的认可而非外在约束下的不得已。让大学生学会对家庭负责，主动担负起自己对家庭的责任也是高校道德责任教育的重要内容之一。

### 4. 高度的社会责任感

个人是在一定的集体中生活的，每个人都处在复杂的社会关系网络中，主体责任的践履和实现与否决定着社会文明程度能否提高和社会状况能否持续稳定。道德责任是作为一种关系中的责任而存在的，从社会角度看，高度的社会责任感强调个人积极承担对他人、对社会的责任，时刻保持一种使命感、一种必须具有的"为他性"的责任意识。当代责任危机的表现之一就是主体过分强调对自身的责任，一味地追求自身利益的满足，而忽视自己作为各种集体、组织的一分子对他人和社会的责任。大学生作为未来国家建设的主力军，所应承担的社会责任十分广泛，一是遵守社会的基本规范和法律，二是尽可能多地承担自身能力范围之内的社会责任。脱离社会责任片面地谈论大学生的发展和完善是难以进行的。大学生只有对除自身之外的社会、国家负责，才能获得个人价值的实现和个人利益的满足，才能促进社会的整体进步。因此，大学生要热爱祖国、维护国家统一，关心时事、忠于宪法，践行社会主义核心价值观、化目标为行动，把握历史发展方向、认清社会发展规律、坚定共产主义的信念，掌握科学知识、决心报效社会，弘扬民族精神、担负国家崇高的使命感，履行公民职责、为集体与社会做贡献，树立远大理想、确立坚强意志，使自己的人生目标与社会发展的目标相一致，这些都是当代大学生对于社会、国家和民族所应具备的责任感和由责任感所激发的责任行为。

### （二）大学生践履道德责任的价值指向

#### 1.实现至善的道德责任目标

遵守社会道德归根结底是为了增进道德主体的利益，为了保障最大多数人的权利而以一种规范性的道德去约束某些行为和提倡某些行为，所以社会中的个体不能将自我利益的增进作为自己选择道德行为的前提。道德责任的最终目标是促使人们达成一种道德上的自觉，即一种行动选择上的"不假思索"，一种脱离了他人监督和督促的自律性。个体可能因自身利益的获得和社会赏罚机制的作用而把道德规范加以内化，却很难通过这些方式成为一个真正自愿超越自我利益的、具有崇高人格的人；一个社会如果对人们只是提出底限性道德责任的遵守要求而忽视上限性道德责任的倡导，那么这个社会就仅仅是存在而已，很难保证生活于其中的人们能有幸福感和对自己原有道德的超越感。尽管承担责任大多是个人行为，但承担责任的终极目标却不止于此，更深层面上是为了社会的利益，个人的责任行为从长远来看往往是具有社会价值和社会意义的。道德责任源自实践、来源于现实生活，同时也高于现实生活。只局限于个人利益、忽视道德责任的行为只会使道德责任的崇高性消失殆尽，使人的选择受制于物欲、沉湎于声名，导致社会出现各种唯利是图、相互算计的乱象。柏拉图哲学治国的理念虽然当时是遭到人们诟病的思想，但其实质是任用掌握了"善"的知识的哲学家，让他们运用自己的德行和智慧来治理国家，从而实现社会的正义，达到社会最终的善。

### 2. 大学生个体完善的内在需要

人践履道德责任也是个体完善自身的内在需要。人通过践履道德责任体现人之为人的标志，体现作为社会性的个体与动物的差异。但是，人的意义绝不限于此，人作为高于自然的责任主体而存在，在负责的过程中，人的社会意识能够得到提升。社会的发展本质上是人的发展，社会的进步和完善其实是人的知识、能力、人格、素质的发展，这种发展是一种从低级到高级的进步，一种适应社会要求的自我完善，一种主动自觉的改变，而在这一过程中，人不仅享受权利，而且担负责任。在承担各种道德责任的过程中，人变得有尊严、有价值，也就获得了全面发展的机会。

由此可见，道德责任的担负对于个体自我实现具有重大意义。这里的自我实现与个体自我完善具有大致相同的含义，自我实现已经成为当代人们追求的最重要的价值目标之一，只有不断提高自身作为社会成员的道德水准和责任能力，才能适应日益发展的现代化社会对社会成员的整体素质以及对个体发展的基本能力提出的标准和要求。因此，在自我实现和自我完善的过程中，人要适应客观社会的需要，在与社会相协调的环境当中，不断满足自身日益增长的对更加美好的生活的需要，实现自身自主与担当的自我价值，追求自身贡献与享用的社会价值，践履相应的道德责任。人通过践履道德责任变得有道德感，而是否有道德感、责任感是衡量一个人道德发展水平的重要标准。

### 3. 大学生参与社会生活的客观需要

道德责任不是人们主观意识的任意产物，它不是毫无根据凭空产生的，不是个人随意为之的思维游戏，而是在社会的进步与发展中、在人类为了生存实现自身价值的过程中实现的，是社会历史发展的必然结果。个体践履道德责任是社会生活对人的发展提出的要求，是社会运行的客观需要。人在社会中生存，人的各种需要与现实世界紧密联系，只有通过人与人、人与客观世界的物质交换才能得到满足，只有在相互联系、相互交往、相互依存中才得以实现。所以，人在享受他人和社会提供的种种便利的同时，也应当付出和承担，如果只向社会索取，只要求他人为自己服务，而不为社会尽到自己的责任，那么是无法维系社会生活的，就会导致社会稳定性丧失、秩序遭到破坏、机体细胞萎缩、发展止步不前、人类将走向灭亡。每一个社会成员都践履道德责任就为社会稳定、和谐、幸福提供了保障，原因是道德责任作为一种价值观念，是社会规范的立场和选择，它作为一种驱动机制，是社会和谐的保障。责任作为一种意识、一种自觉选择、一种软调控的手段，是任何高超的技术和深奥的知识都无法替代的。当下，在新的历史时期，社会的健康持续发展更加需要道德责任的维系，道德责任对于维护社会生活的意义和价值更为重要。

# 第二节　当代大学生的道德认同与道德行为

## 一、道德认同与道德行为

### （一）道德认同的内涵与特征

#### 1.道德认同的内涵

道德认同由"道德"和"认同"这两个部分构成。所谓道德就是在一定的社会经济关系的基础之上，通过特定的社会舆论、传统习俗来维系，以善恶对立的心理意识、价值规范和行为活动为主要表现形式。[①] 而认同是指对以上的认可赞同。道德认同虽然指向外部社会道德规范与价值观念，但从根本上说也离不开行为主体的社会实践活动，因此，关于道德认同的内涵要从个人与社会互动的角度加以理解。一方面，行为主体通过认识社会道德观念与规范，保持自身道德与社会道德的一致性，寻求一定的归属感与身份感，以满足人的社会化的需要；另一方面，道德行为主体通过反思自身的道德状况，在不断进行和外部道德规范同化与顺应的过程中保持道德认同一致与心理平衡，这一过程也体现了道德认同过程中人的主体性作用。

#### 2.道德认同的特征

（1）道德认同的主体性特征。道德认同的主体性特征主要体现在自主性、能动性和创造性三方面。道德主体对道德体系的认同是指自身的利益诉求出发，并基于自身对于道德责任的理解水平，因此，这一认同的过程不是发生在外部强制的前提下的。这充分体现了道德主体的自主性、能动性，同

---

① 唐凯麟.伦理学[M].北京：高等教育出版社，2001：3.

时，在个人与社会互动的认同过程中，个人会结合自身道德经验发挥主体的创造性，以促进自身社会道德观念的发展。

（2）道德认同的社会性特征。道德认同虽然是个体发挥主体性的作用对自身道德图式进行重构与确认的过程，但这一过程不仅受个体内部因素的影响，而且会受社会环境因素的制约，毕竟道德认同是对社会所要求的道德规范与价值的整合。道德认同受个体所处文化背景的影响，存在于个体和社会的双向互动的意义上，是在一定的社会文化背景下，在道德主体和社会互动的过程中达成的关系平衡状态。

（3）道德认同的过程性特征。人们的道德认同是在人与社会的互动中不断实现的，所以也是不断发展变化的，并且这一变化是以认同的平衡稳定为目标的，而要实现道德认同的平衡，需要道德主体在已有的道德图式的基础之上不断地进行同化，并改变原有的道德图式进行顺应，这一过程不仅受个体过去的经验的制约，还要遭受社会文化变动的冲击，在与现实的环境、他人态度的磨合中或者坚持或者更改，因此我们不能静态地看待道德认同，道德认同本身就是一个不断变化并持续变化的过程，并在这个持续性的过程中，规律显现出阶段性特征。

（4）道德认同的实践性特征。道德认同离不开道德主体与社会的互动，并且道德认同的过程是道德主体发挥自身主体性和道德规范、价值观念社会性的矛盾统一过程，而这一矛盾统一的过程就蕴含着道德认同的实践性特征。显然，道德认同的主体性和社会性的矛盾是只有在社会实践中才能得到解决。在实践过程中，道德主体对外部的社会价值观念不断地进行整合与重构，从而形成稳固的道德认同。道德认同的实践性主要体现在道德认同不再是完全依赖于社会给定的某种道德价值观来寻找自我的定位，而是道德主体在社会实践活动中不断寻找自我、实践自我、发展自我的过程。

## （二）道德行为的内涵与价值

### 1. 道德行为的内涵

道德行为一般是指在一定的社会情境中，具有自由道德意志的主体以有利或有害于他人和群体的目的为指导，通过自觉自愿地采取一定的手段，产生了有利或有害于他人和群体的结果的行动过程。[①] 这里定义的道德行为是

---

① 侯均生.西方社会学理论教程（第二版）[M].天津：南开大学出版社，2006：170.

广义的，包括道德的和不道德的行为，以下研究使用的道德行为指的是有利于他人和社会的行为。从上面的定义中可以看出，道德行为在目的、手段的选择上是自由的，因而道德行为的结果也是具有价值判断的。

### 2.道德行为发生后产生的价值

只有道德行为发生之后，潜在的价值才能转化为外显的道德价值，而道德价值不仅体现在实施道德行为的主体以及道德行为实施的受体上，还会影响听闻到道德行为事件的其他人，甚至对整个社会与民族精神和文化都能产生积极的影响。因此，道德行为发生后的道德价值应得到高度重视，并对其加以发挥与利用。

（1）道德行为发生后的本身价值。以利益为基础，具有目的性的行为，以他人利益为目的的行为，皆可称作道德行为。而道德行为发生后的本身价值是指道德行为这件事实本身的价值，也称为即时性或事实性的价值，是可以具体衡量的价值，通常的表现形式是被助者物质上的获益。例如，在抗震救灾过程中，广大群众对受灾者进行款项以及物资方面的援助，这些援助行为能够使受灾者更快地从灾难中恢复，那这一具有物质性的结果便是援助行为的本身价值，而这一援助行为也会随着受灾者的恢复而终止。

（2）道德行为发生后的续生价值。道德行为发生后的本身价值随着道德行为的结束而终止，然而，道德行为的参与者具有主观能动性，他们产生的思想、情感不会随着道德行为的结束而结束，而是会在行为结束后仍然延续，这便为道德行为的续生价值的产生提供了可能性。马尽举按照对个人与社会影响的程度将道德行为的续生价值分为原生性价值、次生性价值、发散性价值以及永恒性价值。

首先是原生性价值。道德行为的原生性价值是续生价值中层次最低的一级精神价值，也是出现频率最高的精神价值形式，这一级精神价值的范围仅涉及参与道德行为过程的各方当事人。其中，受惠者在互动过程中体验到的感恩之情会在道德行为过程结束后延续下来，并在之后适当的道德情境中，在这种积极情感的驱使下，更好地实践道德行为；而施惠者在道德行为过程中，其道德需要得到满足后会产生幸福感以及自豪感，这些情感也会在道德行为结束后延续下来，从而能够对其以后的道德行为起到良好的强化效果。

其次是次生性价值。道德行为的次生性价值是比原生性价值稍高一层次的续生价值，而两者之间的不同主要体现为影响范围上的不同。这一层次的价值不再仅限于道德行为双方，而是扩展到人类耳目所能及的范围。这一范围内的当事人看到或是听到道德行为的相关事实之后，对道德行为者的品格及行为产生敬慕之情，从而产生向道德行为者学习的动机与意向。与抽象的道德规范教育相比，这种直接呈现的具体道德行为对观察者的震撼更深远。

再次是发散性价值。发散性价值是续生价值中第三层次的精神价值，它以社会传媒为中介突破了空间的限制，极大地扩展了影响范围。这一层次的价值已经足以令社会大众信服并加以模仿，且具有某种导向性功能，如央视举办的"感动中国"人物的评选，被评选的人物的道德行为皆蕴含着崇高的道德精神，而这种道德精神经过网络、电视、报刊等传播媒体生动形象的宣传之后，不仅其效果不会削弱，还能够在更广的范围内发挥其感召力，超越空间限制引起人们心灵上的震撼，甚至能够在有目的、有策略的引导宣传下在社会上形成某种向善的道德氛围，从而促进人们在这种良好的道德氛围中更好地践行道德行为。

最后是永恒性价值。永恒性价值是续生价值的最高层次，这一层次的精神价值不仅超越了空间的限制，还在时间上得到了较好的延伸，其影响效果比发散性价值在范围上更为广泛，时间上也更加持久。

在现实生活中，能够进入永恒性价值范围内的道德行为十分稀少，这种行为需要在超常的道德意志的努力下才能实现，而一旦实现，便会在时间与空间上产生深刻的影响，甚至能在整个民族精神上留下浓墨重彩的一笔。

在以上关于道德行为的续生价值的分类中，具有原生性价值的道德行为是出现频率最高的续生价值；具有次生性价值的道德行为存在于人们周围，往往发生在我们可见可闻的范围内；具有发散性价值的道德行为是社会组织者为当下的道德建设所宣传、提倡的道德行为；具有永恒性价值的道德行为所体现的精神能够在一定程度上融入民族文化，成为民族精神的文化积淀，因而是最有价值同时也是最难实现的续生价值。

## 二、大学生道德认同与道德行为的关系

### （一）大学生道德认同能够显著预测道德行为的发生

道德认同是道德认知和道德情感长期交互作用的结晶，它是道德品质结构中最为重要的元素，具有不同于其他元素的特性，整合了其他元素的功能。道德认同的实质内涵除了关于道德的真理和价值的理性认识，还有道德情绪和道德情感等非理性元素，它们是激发道德行为的催化剂和兴奋剂，是沟通道德认知与道德行为的桥梁，能够有效地加强大学生道德认知与道德行

为的一致性。这提示我们可以从巩固学生自我道德认同的角度进行道德教育，来提升其道德品质，增强其道德行为发生的潜在能力。

### （二）大学生道德行为同样能够显著预测道德认同

个体的道德行为实际上是一种自我强化，而且是效果最强的直接经验导致的强化，这种强化具体到道德行为的实施者身上，便体现为道德认同水平的提升。这是因为社会参与活动或某种道德行为的实践能够促使行为者展现自己所意识到的理想的道德自我，使内在的自我与外在的自我、理想的道德自我与现实的道德自我达成一致，以确立并维持道德认同感，从而使道德行为个体在不同的道德情境中，凭借稳固的道德认同激发其道德行为。

## 三、大学生道德认同与道德行为的启示

### （一）提高道德认同水平，激发道德行为

道德认同对道德行为的主导作用是毋庸置疑的，当个体的道德认同比较稳固且强度较大时，其对道德行为便更具支配力。原因是如果道德主体的道德认同稳固且清晰，那么在面对多变且复杂的道德情境时，个体便能较为迅速地调动道德情感激发道德行为，而不会浪费较多的心理资源来抵抗消极情感与负向信息的干扰。道德认同强度较大且较为稳固的个体在道德情感与态度的表达上较为强烈，在面对道德情境时，相应的道德行为就容易被激发。

#### 1. 提高道德自我一致性水平，深化道德认同

道德自我一致性水平的高低主要受两方面因素的影响：一方面是个体的道德认同图式是否稳定与平衡，如果不够稳定与平衡，就容易导致道德主体在面对不同的道德情境时出现较大的行为波动，难以在稳定的道德认同下保持行为的一致性；另一方面是外在支持性的道德环境的氛围是否良好。具有较高的道德自我一致性水平的道德主体会形成稳定的道德自我感，具有强烈的道德理想和需要，能够更好地对道德行为进行选择。对于大学生较低的道德自我一致性水平，高校德育工作者可以从道德主体自身的道德图式以及外部道德环境两方面出发，提高大学生的道德整合程度，提高其道德自我一致性水平。

（1）整合道德图式，建构"道德认同平衡"。道德整合是指道德认同主体在人际交往过程中，对他人的反馈信息进行积极的回收，并在此基础

上通过顺应与同化不断确认或调整自身道德认同的过程。如果这一过程能够顺利完成，那么道德主体便能够形成较为稳定的道德认同。道德的整合离不开"道德同化"和"道德顺应"这两个过程。其中，道德同化是指道德主体在与道德体系的交互作用中，把新的道德价值与规范吸收到道德主体既有的道德图式之中，来保持一种一致的道德自我认同；道德顺应指的是在面对与既有的道德图式并不吻合的道德价值与规范时，对自身的道德图式进行调整，以保持和道德体系的一致性。在这一过程中，道德认同的同化往往可以保持自我的连续性，而道德认同的顺应往往会促进道德主体道德水平的提高。

然而，一直只进行道德同化的人往往比较固执，缺乏灵活性，自身的道德水平难以提高；而一直只进行道德顺应的人则缺乏牢固的道德原则，面对外界不同的甚至是错误的价值观念时容易动摇与迷惘。他们的自我认同很容易被击得支离破碎。因此，最成熟的认同应当是能够达到"自我认同平衡"，这可以让道德主体在保持稳定自我感的前提下，有效地调整自我道德图式来整合新信息。道德主体在应对可能对自我道德图式带来挑战的道德现象或道德价值时，过度使用道德同化可能会导致自己一味地保持旧有的道德价值，而忽视社会中新的道德规范与价值，当外部社会变化到了已经无法忽视的地步时，这种否认的过程可能使得道德主体更加难以面对现实；过度使用道德顺应的道德主体可能会在面对与自身既有的道德图式不相符的道德现象时反应过度，可能会觉得世风日下、人心不古，可能会对社会道德风气感到失望，抑或随波逐流，放弃自身的价值底线；而具有道德认同平衡的道德主体能够在坚持自身道德原则的前提下，面对多变的道德环境做出灵活的转变，他们不会固执己见，也不会随波逐流。因此，成功解决主体的道德同化与顺应问题，培养道德认同的自我平衡，对于构建稳定、一致的道德自我有很大帮助。

（2）营造支持性的道德氛围，提高道德整合程度。道德认同的成熟与稳定除了受道德主体自身的道德图式的影响，还受制于外部的道德氛围，支持性的社会道德氛围的缺失会在很大程度上影响道德主体的道德行为的出现，善行若得不到应当的反馈，向善从善的风险就会加剧。因此，在大学生身上存在的道德失范现象往往不是道德主体"失德"造成的，而是缺乏及时准确的道德奖惩导致了本来具有道德意识的道德主体难以做出与他们理想中相一致的道德行为。为此，高校德育工作者可以通过建立健全道德奖惩机制，营造一种扬善抑恶的道德氛围，这种支持性的道德氛围的营造对于大学生践行自身道德观念、提高道德自我一致性水平有着重要意义。

这种支持性的道德氛围可以通过合理的道德奖励与道德救助加以塑造。第一，可以根据道德行为主体不同层次的道德行为给予不同程度的道德奖励，例如，针对一般性的道德行为应通过相关的制度安排，使道德主体获得与其道德行为相一致的奖励，不应过度；而针对公认的高尚的道德行为，不仅应给予名誉以及地位上的精神奖励，还要给予一定的物质奖励，如为道德行为主体提供学习深造的机会或是能够发挥其才干的岗位等。第二，在道德奖励之外，在道德主体在做出善行之后，对其造成的不利后果与损失进行道德救助。与道德奖励不同，道德救助往往注重物质方面的补偿与救助。通过道德奖励与道德救助，能够营造支持性的道德氛围，更好地为道德主体免除善行之后的后顾之忧。

**2. 加强大学生道德责任教育，培养大学生道德责任意识**

为了提高大学生整体的道德素质，高校德育工作者应注重加强道德责任的教育工作，培养大学生的道德责任意识，引导大学生肩负起应承担的道德责任。

（1）注重对大学生道德责任认知与推理能力的培养。第一，提升大学生对道德责任的认知能力。道德责任的培养是以对道德责任的认知为基础的。道德主体需对自身在特定道德情境中所应履行的道德责任有明确的道德认知，这种认知包括两个方面：一方面是道德主体对自身所应担负何种责任的认知，另一方面是道德主体对自身担负责任必然性的认知。道德主体仅仅认识到自身需要担负什么责任时，其道德行为并不能够被有效地激发，而只有当道德主体意识到自身对特定的道德责任有担负的必要性时，其道德行为才会被有效地激发。

因此，高校德育工作者可以通过让学生角色扮演等方法，使学生充分体验某一角色的心理与习惯，在承担某一角色的过程中，提升移情式理解能力。一个人只有对他人的外境有了设身处地的感受，才能真正站在他人的角度理解问题，从而更加坚定地履行道德责任。比如，在现实道德教育的过程中，高校德育工作者可以为学生提供某种困境，让学生扮演困境中需要帮助的角色，从而充分获得自身在困境中的情绪体验，而这种情绪体验能够提高学生的道德敏感性，使其在以后类似的道德情境中更倾向于承担自己的道德责任。

第二，培养大学生的道德判断能力，提高道德判断水平。道德责任意识的提高是以道德判断能力的发展水平为前提的，美国当代著名的教育心理学家科尔伯格采用"道德两难法"通过情景故事设置道德冲突，把人的道德判断能力做出了三水平、六阶段的划分，处在不同道德判断阶段的行为者的道德责任意识具有显著差异，道德判断能力的水平越高，其责任意识越强。因此，高校德育工作者应当注重对大学生道德判断能力的培养，在理论课程中引入科尔伯格的道德两难法，通过提供具有现实性的冲突情境，促使学生进行深入思考与判断，提升学生在面对各种社会价值观时的鉴别和批判能力，使学生能够自主地、合理地选择正确的道德取向与道德规范，并为自己选择的后果负责。在这里需要强调的是，为学生提供的具有冲突性的道德情境，一定要贴合学生实际的道德生活，原因是当道德主体针对某些远离其道德生活的冲突情境做出判断时，往往会做出理想性选择，而当其针对贴近其真实生活的道德情境做出判断时，则更有可能采取较为现实的选择。

（2）发挥大学生的主体性，保证道德行为选择的自由度。毫无疑问，学校教育是培养道德责任意识的主阵地，但高校目前的许多教学、管理以及德育工作在许多方面上容易忽视学生的主体性，不够重视学生独立人格和个性的发展。对此，高校德育工作者应注重大学生主体性的发挥，在肯定其主体地位的前提下，保证其道德行为选择的自由度。原因是只有保证道德主体在做出道德行为选择时具有自由意志，而不是在外部强制力下做出选择的，才更能够促使道德主体主动承担其行为后果的道德责任。

要尊重学生的自由，就要求教师突出学生的主体性地位，把学生看作自由的个体而非被动的教育对象。在高校的德育实践中可以适当引入"公正团体法"，该方法也是由科尔伯格提出的，注重发挥学生的主动性以及责任意识，通过各种学生管理组织的建立，鼓励学生参与其中并进行管理，在民主管理过程中，发挥集体的作用，培养学生的集体意识，在实现学生自治的同时，促进学生学会对集体以及个体的行为和品德发展负责。高校德育要创造条件和机会让学生参与到学校管理活动中，从而培养学生的道德责任意识与道德行为习惯。

（3）注重对学生的相互协作和主动实践能力的培育。道德责任是主客体相互协作和主动实践的结果，只有通过交往和实践，人们才能对抽象的道德规则有更具体、更深刻的了解，并以此对自己的道德行为进行调节与控制。因此，高校德育工作者应在教育教学工作中加强学生间的相互协作，同时尽可能地给学生提供道德实践的机会。

第一，提升大学生的相互协作能力，增强其合作意识。如果离开人与人之间的合作与交往，人不能产生真正的责任意识，更不会在道德情境中履行自己的道德责任。因此，大学生的相互协作能力低是制约其道德责任意识的重要因素。为此，高校德育工作者应注意增强大学生的相互协作能力，使其能够正确处理与他人、集体之间的关系。大学生合作意识的增强不应局限于课堂之上，在课堂外的实践活动中也应注意引导大学生正确处理人际关系，树立团队意识，在对自身行为负责的同时也对他人、集体的任务负责。在具体的教学实践中，教师可以在课堂上以团体任务的形式布置相关作业，要求学生群策群力共同为目标付出努力，但为了防止"搭便车"行为的出现，在布置团体任务的过程中，教师应注重对每个团体成员任务的落实，以此控制学生履行任务的效果。同时，学生也会因为自身任务以及团队目标的牵引，在他律与自律双重监督下有效地履行自身职责。

第二，提供实践平台，增强大学生的主动实践能力。大学生要自觉深入实践活动中，通过各种社会服务、公益劳动和集体活动，来了解真实的社会状态。通过社会实践，大学生能够对抽象社会规范有新的认识，从而在真正的责任履行过程中体会道德行为给自身带来的感受；同时，在这一过程中，也要不断调整自己的价值观念，以核心价值观为主导正确地选择价值取向。社会实践对大学生道德责任的培养具有重要意义，学校应健全大学生的社会实践保障机制，通过学校组织机构引导学生积极参加多种社会实践活动，如校内的社团活动、针对贫困儿童和孤寡老人的助学助困志愿服务活动、结合专业知识进行的社会调查等活动。只有创设实践平台，带动大学生积极参加道德实践活动，才能促使大学生把在学校教育中习得的抽象的道德规范转化为更具体、更形象的道德行为，同时，在道德实践过程中全面深刻地认识、了解社会，从而更好地树立主人翁意识，切实增强自身的社会责任感。

### （二）培养道德行为逆向影响道德认同的形成和转变

当个体的道德认同已经形成并且比较稳定时，要努力促使道德认同发挥反作用来影响道德行为。然而，当个体的道德认同比较模糊、不够牢固时，则可以从道德行为入手：一方面巩固其正确但不稳定的道德认同，另一方面转变其错误的道德认同。高校道德教育不仅需要强化大学生已有的正确但尚不稳定的道德观，还需要改变他们不正确的价值取向。因此，教育者可以尝试刺激大学生对道德行为尤其是公开道德行为进行选择，通过认知失调的激发逆向影响其道德认同的巩固和转变。

1.提高道德行为参与度，激发认知失调，转变错误的道德认同

高校德育工作者可以在大学生道德认同不符合社会价值规范时，通过促使大学生对公开道德行为做出选择，提高其道德行为的参与度，以激发其认知失调，从而转变错误的道德认同。

（1）增加道德实践的机会，巩固正确的道德认同。校内外的实践活动对于提高主体道德意识具有积极效果，这提示高校教育工作者应在学生干部任职及志愿活动参与方面高度重视，通过道德实践活动的增加，巩固大学生正确的道德认同。

第一，搭建志愿服务平台，提高大学生志愿服务活动的参与度。大学生的志愿服务经历对他们的爱心行为有着显著影响，更多的社会公益组织和公益活动会涉及更多个体的参与，在参与过程中，其道德认同会更坚定，一个当过志愿者的人的助人的道德认同会更明确，因此，组织针对大学生的志愿服务活动对提高大学生的道德水平是十分有益的。

第二，营造良好的志愿文化氛围，构建高校志愿文化自觉。高校志愿文化是校园文化的重要组成部分，也是塑造人文精神的重要保障。在高校树立高度的志愿文化自觉和自信，能够更好地促进高校德育工作的开展，而高校志愿服务文化自觉的构建需要物质及精神两方面的保障。一方面，物质文化是志愿文化显性的、外在的体现，同时也是志愿文化的基础与物质保障，其主要表现形式可以是开展志愿服务活动所需的服装、旗帜、标语、徽章以及宣传纪录片等，这些物质性的表现形式是高校志愿文化的载体，能够很好地凝聚志愿精神、发展志愿文化，同时也能够激发志愿者的使命感和荣誉感，有助于角色认同。另一方面，在保障志愿文化物质建设的同时，还应引导大学生弘扬志愿精神，志愿精神是志愿文化的核心，弘扬志愿精神能够从价值观层面增进大学生对志愿活动的认同，能够有效地提升大学生建设志愿文化的自觉性，同时更好地营造志愿者文化氛围，形成志愿者文化的"生态圈"。

（2）增加学生干部工作机会。有学生干部任职经历的学生在部分道德行为上会和其他学生具有显著差异，相较于一般学生，他们通常有更多的道德行动机会，在"学生干部"这一角色下，他们也更容易主动承担任务与责任，而在承担任务的过程中，积极正面的外部反馈以及自我反馈能够对他们产生较好的外部强化与自我强化，从而进一步刺激他们再次做出更多的道德行为，进而他们的道德自律和道德责任感得到进一步的提高，同时，道德认

同水平得到进一步提高。因此，高校德育工作者应充分重视干部任职经历对大学生道德行为乃至道德人格培养的重要性，充分为大学生提供锻炼的机会与平台。这不仅需要注重对正式班级组织的建设，还需要对学生自发成立的社团或协会给予肯定，在保证其自身特色的前提下进行规范化管理；此外，还应进一步完善学生干部的一系列选拔、培训、轮换、考核等管理制度，在公开透明的条件下，公平地为大学生提供锻炼的机会，通过广泛的道德行为实践提高大学生的道德认同水平。

**2. 协调道德行为各维度的发展，提高整体道德行为水平**

（1）坚持道德的学习行为选择，深化模糊的道德认同。个体在现实的道德生活中常常面临两难选择，在做出负面的、消极的行为之后，道德行为主体会将认知中的失调消除，以使认知达到协调状态，并在以后的行为中减少道德顾虑。因此，一个原本道德观正确但不够稳定的个体如果在考试中选择了作弊，为了减轻自身认知失调带来的焦虑，会努力改变自己的道德观念。

由此可见，不同的道德行为选择会对个体的道德认同产生深刻影响，特别是当道德主体的道德认同不够清晰稳定时，这种影响可能是本质上的。因此，阻止不道德行为的出现往往比说服教育更可能使道德主体在道德认同上发生转变或得到深化，教育者可以在此基础上，对大学生不道德的学习行为加以控制，努力引导大学生作出正确的道德选择，巩固其正确但模糊的道德认同，或改变其错误的道德认同，从而提高大学生的整体道德水平。

（2）注重对学生掌握目标定向的培养，塑造其道德的学习行为。通过培养大学生掌握目标定向，可以改变大学生的能力观，在此基础上能够改变大学生针对成就情景的归因风格与学习策略。在学习策略上，掌握目标定向的学生会更多使用如知识整合、自我提问等适应性的学习与深层加工策略，而较少地使用逃避、拖延等非适应性的学习策略，并且尽量避免见效快或死记硬背的浅层加工策略。由此，在面对考试、测评等成就情景时，以目标掌握为动机的学生会倾向于采用正确的途径、道德的手段面对自己的真实水平，在他们身上较少会出现采用弄虚作假等非道德的手段只为取得较高的成绩的情况。在实际的教学活动中，高校教师要注重对学生掌握目标定向的培养，努力营造强调任务目标取向的教学环境与班级心理环境，促进学生在学习过程中选择深层加工策略，引导学生对知识本身产生好奇与追求；避免学生在过度的竞争压力下，过分重视成绩的评定，从而逐渐形成成绩目标定向，在此目标定向下学生会过度关注学习结果，而丧失了对学习本身的兴趣，以致于在此种动机的趋动下选择非道德的学习策略与方法。因此，无论是高校德育工作者还是专业课教师，都应注意营造良性竞争的班级环境，注重学生对学习内容与方法的掌握，以多维度的测评方法代替传统、单一的卷面成绩评定方法，有效激发学生的求知欲与好奇心，促使学生对知识本身产生追求，从而促进对学生掌握目标定向的培养，并在根本上减少不道德学习行为的出现。

# 第三节　当代大学生公民道德的建设路径

## 一、大学生公民道德建设的基本方法

实践活动要遵循社会发展规律，公民道德建设的最终目的是提高国民道德素质。因此，当代大学生公民道德建设需要遵循"知情意行"的规律，特别是对于正处于世界观、人生观、价值观形成阶段的大学生而言，要运用科学的方法与途径。这就要求强化大学生的公民道德认知、培养他们的公民道德情感、锤炼他们的公民道德意志，最后更加深刻地规范他们的公民道德实践行为。

### （一）立足整体：坚持公民道德建设的科学性

#### 1.统筹兼顾大学生德智体美劳建设

首先，将智育、体育、美育和劳育与公民道德建设相结合，统筹好它们之间互联互通的关系。立德树人是新时代教育的根本任务，内容分为德、智、体、美、劳五个方面，全方位育人是"三全育人"的重点，而现代公民道德建设的目的是培育时代新人的道德素质，因此不可忽视当代大学生公民道德建设的发展，道德教育在教育事业中起着导向作用，不可以用某一方取代另一方，如智育不能代替德育。大学生公民道德建设除了培养大学生的高尚品德，还将作为内在动力推动其他诸育发展。

其次，统筹自我价值与社会价值的关系。人们在实际生活中往往会把社会价值与自我价值相割裂，甚至产生偏激的看法，这种片面看法即两个极端，一是一味地忽视社会价值而追求自我价值，二是放弃自我价值而只注重社会价值。现代信息技术的发展、多元思想的传播导致部分大学生一味地追求自我价值，价值观扭曲。因此，在公民道德建设上要统筹好社会价值与自我价值的关系，让学生学会辨析社会与自我的价值，帮助学生树立正确的价值观。一方面，学生要从认知上懂得自我价值与社会价值的辩证关系。要知道社会价值高于自我价值，处于第一位的关系。自我价值若要得到充分实现，必须满足社会价值，而自我价值的实现还有助于促进社会价值的提升，从而有助于完善自我，提升自我。另一方面，学生要在实践中促进社会价值与自我价值的实现。大学生要秉持服务祖国、建设国家、促进社会发展的理念，在这一过程中展现自我价值与社会价值的融合统一。

最后，统筹个人品德建设与社会公德建设。要将我国建设成现代化国家，公民必须有过硬的社会公德素质，大学生作为高素质队伍中的一员，必须具备高品质的社会公德，因此，切实提升大学生的个人社会公德，加强大学生社会公德建设是关键之举。虽然社会公德建设的重要地位日益凸显，但大学生个人品德建设不容忽视。作为时代新人，大学生必须拥有高尚的个人品德。总之，在大学生人际交往过程中，个人品德同样表现为遵守社会公德的素质，并受到社会公德的影响，因此，加强品德建设有助于提高大学生社会公德水平。

### 2. 坚持在"对立"中把握"统一"

首先，坚持将大学生公民道德建设的先进性与广泛性相结合，这是大学生公民道德建设上的一个有重要意义的问题，它对大学生公民道德在现实生活中的作用、对道德的能动性的发挥都有着重要的影响。一方面，先进性反映着公民道德建设的目标与方向，反映着人们的道德理念与道德追求，同时，也反映着社会对公民道德的需要，能够使广大大学生受到教育，增强公民提高自己道德水平的信心和决心。一个大学生在道德上的不断升华是一个长期的过程。另一方面，要考虑大学生公民道德建设的广泛性，根据大学生的实际公民道德水平，通过各种途径与方法教育大学生遵守宪法与法律，遵守公民道德基本规范，把道德实践活动与为人民服务相结合，具备奉献精神，进一步促进大学生公民道德的建设。因此，在现代社会市场经济背景下，要对那些只顾自己私欲的思想与实践予以反对，坚决抵制各种不良的拜金主义与享乐主义，同时要尊重与满足大学生个体需求。

其次，满足大学生主体需求与社会发展需求相统一。大学生要想在社会上立足，首先必须满足自身发展需求。但满足这种需求的前提是，个人发展与社会发展的统一，这种统一，只有在这种每个人的平等权利与自由选择有保障的制度体系之下才能实现，只有每个人的权利是平等的，社会的发展才意味着发展了每一个人，只有每个人是自由的，每个人的奉献才意味着发展了社会。

最后，正确将"灌输"与引导相结合。德育工作者要引导大学生理解公民道德规范，引导大学生将其内化成自己的道德素质体系。公民道德规范只有被大学生从内心真正地接受与认同，从而使大学生形成稳定深刻的道德心理结构，才能外化为他们自身的道德习惯与实践意识，大学生真正地发挥公民道德建设的主体性价值，最终使得大学生通过自身行动主动践行公民道德规范，提高社会主义道德水平。

### （二）强化教育：把立德树人贯穿道德教育全过程

#### 1.以自我教育法树立科学的公民道德规范认知

在公民道德建设领域，被动接受硬化的道德教育不符合人自由而全面发展的需要，人们的道德主体意识不断强化与觉醒，人们不再满足于对道德的粗浅的认知。例如，我们可以看到在某些社会现象发生时，人们不再满足于扮演旁观者的角色，他们会加以评判，一是根据自身的道德认知，二是根据他人评价，这也是人不断发展的体现。当代大学生公民道德建设的承担者与实践者是大学生，大学生是在这过程中从事公民道德认识与实践活动的人。大学生要清楚认识基本道德规范，懂得公民道德的基本内容与要求，懂得什么是正确的、先进的，什么是落后的、错误的，什么是该做的，什么是不该做的，什么是要提倡的，什么是要坚决反对的。大学生还要懂得自我教育与反省，掌握公民道德基本规范，做成学以致用。

（1）把"四德"作为日常生活中的基本规范并自觉遵守。大学生要始终践行社会公德规范，并积极践行正确的道德规范：在校内就要秉持社会要求的职业道德，为在未来的岗位上做好建设者打好基础；在家庭中始终践行家庭美德，按照社会要求的家庭美德规范做一个好的家庭成员；要始终践行良好的个人品德，努力做到在日常生活中养成好品行。这既是社会的期待，又是大学生自我成才的内在要求。高等学校荟萃了各种科学精神与人文精神，理所当然地成为公民道德建设的首选之地，大学生作为青年中的佼佼者，带头实践公民道德基本规范会起到很强的示范作用和辐射作用。

（2）提升自身各种道德修养。道德修养是一种主体的自觉、自需与自律，重在"慎独"，正是在这个意义上，人们常把修养等同于"修己"。古今在道德修养上有建树的人无不有着鲜明的主体意识，如范仲淹说的"先天下之忧而忧，后天下之乐而乐"，文天祥说的"人生自古谁无死，留取丹心照汗青"，鲁迅说的"寄意寒星荃不察，我以我血荐轩辕"。这些都体现了他们自由自觉的道德追求。修养教育必须尊重教育对象的主体性，充分唤醒和激发受教育者的主体意识，使其把外在要求变成内在律令。

（3）尽快适应角色的转变，践行角色承担的道德责任。进入大学是一个关键的人生转折点，也意味着角色转变，个体社会性显著增强，与此相适应的社会责任、道德情操要求也相应提高和丰富。大学生要从不自觉角色转变为自觉角色，不自觉角色指的是角色承担者并未意识到个人所承担的责任，而自觉角色是指角色承担者能够准确认识到个人所应当承担的社会责任并予以行动。

因此，大学生在学习、生活、工作、家庭等领域中要自觉遵守公民道德基本规范，把被动转化为主动，自觉认识和提升公民道德，做新时代公民道德的美丽践行者。

### 2. 以实践教育法养成良好的公民道德行为习惯

道德主体是现实生活中的人，道德的根基在于人的实践，道德实质上是一种精神实践。公民道德实践教育必须走出校园，走进自然，走向社会，在生活中践行道德。没有生活实践的道德是抽象的，大学生的道德认知与道德认同需要建立在真实的道德体验基础上。也就是说，大学生经由实践，把公民道德在生活实践中"物性化"，才会感受到存在的意义，进而愿意过一种道德的生活。大学生要树立正确的思想道德观念，形成良好的道德情感和道德行为。大学生公民道德的实践性活动必须按照社会生活实际的实践方式进行，这样才能正确发挥公民道德实践教育的作用，实现自身公民道德素质的提升。大学生公民道德实践的价值源泉正是现实生活世界，要强化大学生自觉参与实践活动的需要，陶冶他们的道德情操，为大学生公民道德建设的实效性奠定良好的基础。杜威认为，学校德育如果离开社会生活，就会失去目标与方向。陶行知也提出了"生活即教育"的观点。大学生公民道德建设必须注重教育实践环节，以此发挥对大学生的公民道德素质进行全方位渗透的陶冶作用。

因此，要充分利用各种实践场所，开展丰富多彩的课外活动。高校组织的教学实践活动、校园文体活动、社会实践活动以及校园宣传舆论阵地等都是学校进行公民道德教育的重要平台。另外，学校亦可开展更多符合新时代中国特色社会主义现代化建设以及大学生自我发展需要的丰富多彩的课外活动。大学生在实践活动中运用基本原理认识社会与自我，接受潜移默化的熏陶，提升自身公民道德修养，提高自身公民道德境界。

教育和实践在大学生公民道德建设中相互联系、不可分割，两者相辅相成。道德实践不要以过度的预先设计为主，只是单一地指挥学生完成道德实践活动，急于落实道德知识，而应使学生在学校、社会以及家庭的交往过程中养成道德实践习惯。这要加强各方面的组织管理，教师应善于将课上与课下、线上与线下、调查与服务等相结合，引导大学生不以课堂学习为唯一任务，积极向社会群众组织靠拢；组织开展形式多样的实践活动，培养大学生观察与分析社会问题的能力，提高大学生的思想道德素质与公民道德素质。

**（三）综合保障：发掘外部道德资源的有力支撑**

**1. 以典型示范法激发榜样的良好影响力**

榜样是一种形象，更是一种力量；榜样是一面镜子，也是一面旗帜。榜样强烈的感召力能够发挥正面激励作用。我国的先进人物，如孔繁森、吴天祥、萧栋栋等，他们的功绩、精神和品质是我们取之不尽、用之不竭的力量源泉。应当教育大学生从他们身上汲取前进的动力，长期锻炼自己，不懈地改造自己、完善自己，使自身的思想素质、道德素质不断提高。

（1）教师的道德榜样力量。徐特立曾说教师有两种人格，一种是"经师"，即传授科学文化知识的；另一种是"人师"，即教怎样做人的。俄国教育家乌申斯基说过，教师个人对学生的教育作用是任何教科书、奖惩制度与社会思潮都代替不了的。榜样指引人们前进，教师的言传身教实际上对学生起着示范性作用。另外，教师对待学问的态度也会对学生的道德建设产生一定影响，"三人行，必有我师焉"，教师不必耻于下问。因此，教师的思想品德与道德素质会在不自觉中深深影响着学生。另外，大学专业课教师有更多的学习机会，教师与学生之间能够开展深层次的交流，这有助于提高大学生的思想道德素质。

（2）学生群体内部的影响。大学生集体生活广泛，容易受到各个群体的影响。大学生在高校生活中被按照一定的专业、年级、班级分为不同的群体，进行学习与生活各方面的活动。此外，大学社会组织丰富，学生可以根据自己的意愿加入不同的组织。这些群体间的集体活动为大部分大学生进行互动提供了条件。此外，大学期间还存在着各种同学关系，特别是在来往密切的同学之间，他们的道德素质与信仰会相互影响，这种影响涉及的方面包括日常行为习惯、世界观、人生观、价值观等。因此，要加强大学生各种群体之间、群体内部之间的正面互动，善于激发、启发、激励正面的道德感受，调节负面的道德情绪。

（3）社会媒体引导，加强榜样宣传。社会媒体要以宣传正面的、积极的道德为主，要树立正确的道德观念，确保社会主义道德建设方向；要大力宣传具有代表性、典型性的先进事迹；要适时召开先进事迹人物的颁奖会；还可以对某些具有正能量的综艺节目给予鼓励。

另外，还可以让那些先进道德模范走进大学生的实际生活，如请他们到学校举办讲座，从而让学生能够深刻感受到榜样的力量，强化模范人物的影响能力。当今社会背景下，要完善道德榜样的评价机制，坚持公开公平、透明民主的原则，除了精神奖励外，还要给予道德模范适当的实质性奖励。大学生不仅要学习和发扬道德模范的积极作用与崇高精神，还要在合适的平台记载、宣传他们的先进事迹，留存他们的美好形象以示后人，让人们于有形和无形中进行学习。也可以通过对负面"榜样"群体的宣传起到警示作用，对大众加以教育引导。

## 2. 以环境熏陶法优化公民道德建设风气

（1）学校的道德氛围。良好的学校育人环境，发挥着潜移默化的力量，会使大学生在不知不觉中受到熏陶与教育。高校除了以硬性制度对大学生公民进行道德的约束，还需要营造良好的道德氛围。学校的道德氛围会对大学生群体道德人格的形成产生重要的影响。总的来说，校园文化整体都是学校精神文明建设的载体，在规范文化方面强调基本的道德规范，在精神文化方面要加强学校学风、班风、校风、党风建设，营造和谐活泼、融洽和谐的人际环境，包括舒适的自然环境，所有这一切都在默默地发挥道德氛围育人的作用。

（2）社会的道德氛围。现代社会发展至今，人们的道德素质有所提高，但也依旧存在诸多道德失范的现象。社会要继续生存与发展，就必须建立与社会发展路线相契合的价值理念与道德规则，以约束每个社会成员的实践活动，增强社会成员的社会性。社会成员都不是独立存在的个体，每个个体都不可违背社会实际，远离社会群体，而要在各种社会群体中扮演不同的社会角色，与其他成员共同参与社会实践，促进社会发展。大学生思想行为的发展变化除了会受家庭、学校等小环境的影响外，还会受大环境的影响，如受整个社会风气的影响。学校是完成立德树人根本任务的关键场域，是联结家庭与社会的中间地带，高校在培育大学生德、智、体、美、劳全面发展的同时，也应关注社会对大学生的需求，并逐渐形成一个统一标准。在现代中国社会大环境下，知识经济迅猛发展，信息技术化爆炸，各种思潮大量涌现，这些都会使得大学生的心理状况、观念状况以及思想状况发生改变。经常接触不良思潮的大学生，其道德素质与思想品德势必恶劣。全体社会成员需要共同努力，人人自觉遵守法律，维护社会公德，发扬家庭美德，树立个人美德，促进整个大环境风气的良好发展。

因此，要通过充分发挥道德主体的主观能动性来改善社会道德氛围，通过树立榜样营造主流道德氛围，通过大众传播媒介营造良好的社会舆论氛围，为大学生公民道德素质提升扫清障碍，这样才能收获良好的大学生公民道德建设成果。

### 3. 以心理疏导法培育健康理性心态

大学生具备开放包容、科学理性的心态是推进大学生公民道德建设的合理要求。初入大学的大学生难免会有对集体生活的不适应、对学校氛围的不适应、对自我管理的不适应等，这些都可能会导致大学生出现心理问题。因此，对大学生进行心理疏导是理解大学生矛盾心理、提高大学生心理健康水平的重要途径和方法。要组织心理疏导活动，鼓励大学生主动进行心理咨询，健全大学生的人格状态，培养大学生良好的道德心理。

（1）要帮助大学生正确认识自我，促进其人格成熟。个体对自己的认识越符合实际，其社会适应能力就越强。道德活动是道德人格发展的源泉和基础，但道德活动能否产生影响、产生多大影响还要看青年的自我教育成果。道德人格的形成与发展离不开个体在实践中的主观努力，离不开在实践中的自我修养和学习。因此，要培养大学生的道德人格，就必须重视调动他们的主动性、积极性，使他们努力认识自己的内心世界，不断加强自我修养，进行自我教育。大学生要学会在实践中正确了解自己、认识自己和评价自己，理智地对待自己的优势和不足是建立积极的适应机制的基础。

（2）要帮助大学生懂得如何与人相处，建立和谐的人际关系。现代社会中，尽管人的知识、水平、能力、气质不同，分工和身份不同，但人格都是平等的。尊重人格是平等的基本要求，尊重包括自尊与尊重他人两个方面，大学新生在人际交往中不仅要尊重别人，而且要坚持真诚的原则，这是人际交往深化和延续的保证。最后，大学生大多血气方刚、争强好胜，这会阻碍人际交往，所以大学生应遵循宽容的原则，但宽容不代表不讲原则、是非不分。

（3）要帮助大学生正确应对挫折，增强受挫能力。人有了正确的世界观、人生观，才能正确认识社会，正确对待人生，正确对待自己，就能正确看待世界上的万事万物，正确对待挫折，保持乐观向上的态度，从而防止心理偏差和心理疾病的发生。个人承受挫折的能力与个人的思想境界、对挫折的主观判断、挫折体验等有关，正视挫折有助于保持健康心理、塑造正确观念、提高思想境界。因此，增强大学生承受挫折的能力对加强思想品德修养起着重要的促进作用。

## 二、推进大学生公民道德建设的实践途径

### （一）依靠大学生公民道德建设的多元阵地

#### 1. 重视家庭美德影响的基础性地位

"身修而后家齐，家齐而后国治，国治而后天下平"。良好的家庭道德环境和氛围对社会的文明和稳定具有重要意义，家庭美德对个人的社会公德、职业道德都会产生深远影响。重视家庭美德建设就是为社会稳定与文明进步、为国民道德素质的提升打基础。通常情况下，家庭美德建设是大学生公民道德建设的主要内容与重要途径。家庭美德用以调节家庭成员之间甚至邻里之间的各种关系。要提升家庭美德，仅有单纯的约束远远不够，还要借助道德约束。因此，要大力倡导现代社会家庭美德规范，鼓励大学生在家庭中做一个好的家庭成员。

（1）倡导遵循现代社会家庭美德新规范，扬弃传统家庭伦理道德。批判性地继承传统家庭伦理道德是社会发展的需要，这就要求继承符合新时代道德规范、符合核心价值观的中华民族传统美德的精华，摒弃那些阻碍人和社会健康发展的糟粕。当代家庭美德应以父母双方情感为基础，在平等自由的前提下，提升家庭文明素养。

（2）促进家庭美德社会化影响的提升。社会的道德原则、规范与价值理念要融入家庭文化与实践行动，这是家庭美德社会化的要求。家庭是家庭美德形成的关键，但其形成不仅仅依靠家庭，还需要社会、学校多方协调与行动，以系统性的工程保障其运行。在家庭道德社会化的过程中，要培养家庭成员的责任主体意识，需要提升其认知能力、实践能力与判断能力。父母在

家庭美德社会化过程中承担着主体责任。作为家庭的主要负责人，家长要重视发扬优秀的家庭道德文化，并使其适应现代社会发展的需要，不断培养和提升子女的认识、评价和行为选择能力。家庭美德是个体与社会的枢纽，家庭美德与社会公德、职业道德一致性发展能够促进个人品德的同向发展。

### 2.夯实高校大学生公民道德教育阵地

家庭是人发展的摇篮，学校是社会上的公共教育场所，超越了家庭的血缘关系，延伸了人成长和发展的公共生活区域。高校教育与社会的关联度较高，因此，从这个角度而言，高校教育除了要传授大学生知识外，还要提高大学生的道德水平、公民道德水平，这样才能使大学生适应社会发展的需要，激发大学生的想象力与创造力。大学生是社会现代化建设的后备军，大学生公民道德水平的提高是事关中华民族伟大复兴的大事。高校中的大学生正处于思想较为活跃，世界观、人生观、价值观以及道德形成、发展的关键时期。因此，高校应完善公民道德建设，特别是道德教育的方法、途径，提升大学生的公民道德素质，这是成为大学生公民道德建设重要抓手的需要。

（1）加强爱国主义教育。爱国主义情感不是狭隘的民族情绪，是对本民族历史与未来的认可，对于大学生而言，公民道德素质的提升要以强烈的爱国主义精神为基石。爱国主义精神对于大学生而言，是一种深厚的情感，更是一份对新时代的责任担当，能够付诸实践。

首先要确立一个思想认识，即必须把爱国主义教育作为学校德育工作中一个永恒的主题。大学生是树时代新风的关键人物，只有让大学生深刻认识爱国主义，了解了国家发展的历史与未来，他们才能以现代社会建设为己任，担当起中华民族伟大复兴的历史使命。因此，无论在哪个阶段，学校都要突出爱国主义教育。其次要构建好校内、校外两个爱国主义教育框架，促进校内、校外综合聚焦爱国主义教育，形成内外交叉的综合机制。最后要抓好教材中的爱国主义内容，在课堂上进行爱国主义教育。

爱国主义教育的关键是帮助大学生学习祖国历史，认同祖国价值理念，增强爱国主义实践意识，激励大学生从内心深处真正认同爱国主义，尊崇核心价值观，最终通过实践落实爱国主义。因此，必须抓好学校爱国主义教育系列制度规范建设，实行多层面、多渠道、全方位的爱国主义教育。要引导大学生参加实践活动，在义务劳动中增强他们爱集体、爱社会、爱祖国的深厚情感。同时，要教育大学生维护国家利益，不做违背祖国、危害社会的行为，并敢于和损害国家利益的行为作斗争。

（2）统一价值理性和工具理性，融入学生日常生活教育与管理。个体道德与生活道德有着密切联系，物质交往与精神交往活动都源于个体的真实世界。在这个互动的过程中，个体与社会需要合适的道德观念，如自由平等、诚实守信等，不断融入，相对稳定的个人品质逐渐形成并不断发展、完善，所以，大学生公民道德建设只有根据现实世界需要才能具有科学性。大学生公民道德建设固然需要理性，但过于片面地强调理性，必然会导致工具理性主义侵蚀大学生，表现为忽视情绪感受能力和情感表达。

因此，高校教育要做到价值理性和工具理性相统一，潜移默化地融入大学生的日常学习和生活中，即在具体工作中有目的、有计划、有总结地开展健康、愉快、生动、活泼、丰富多彩的文化娱乐活动和体育活动，使学生树立正确的世界观、人生观、价值观。

同时，作为学生管理者，要时刻注意学生的思想动态，要在工具理性的基础上牢牢把握住价值理性，重新呼吁优秀的传统道德品质，不仅追求"真"，而且要重视"善"和"美"的道德境界，利用价值理性提升学生的道德品质。总而言之，大学生公民道德建设必须引导大学生学会自我协调理性与情感，使大学生通过理性与情感相互融合的方式，做到在现实道德实践过程中情理融合，完善道德品质。

（3）有效结合多元课程，增强学生情感体验。高校进行道德教育的主渠道是课堂教学，通过显性的课堂教学发挥道德知识输送与教育功能，道德教育指向性明确，就是要帮助大学生形成主流的核心价值观与道德理念。隐性道德教育的主要方式为"活动教学"，发挥潜移默化影响的作用，提升学生独立判断、分析问题的能力，增进学生的道德自律性。高校应该分年级开设公民道德教育课程或者相关的讲座，遵循立德树人根本任务的要求，以提升大学生公民道德素质为核心，进一步提高大学生的公民道德水平。同时，由于大学生的道德层次不同，课本内容的编写要有侧重点，注重内容形式的多样化，提高课本与教学内容的生动活泼性，对大学生开展经常性、规范性、系统性的公民道德教育，推动全社会、全范围的公民道德教育活动常态化。

情感在思想品德的形成和发展过程中发挥着强大的作用，它既能够将思想道德认知上升为道德信念，又能够将这种信念转化为实践，落实到行动上。情感教育的重点在于以情感人，引起共鸣。情感教育具有丰富多彩的内容，在大学生公民道德建设过程中，主要是培养其爱国主义情怀与民族自豪感，使其具备积极的对社会主义道德的认同感与思维方式。这种情感教育的过程就是通过各种情感教育的途径，激起大学生的情感体验，并在不断的发展、强化中培养他们高尚的道德品格。因此，高校在开展思想教育的过程中要适当运用情感教育，这有助于提升大学生对道德的情感认同，也必然会对大学生公民道德建设中的教育工作起到促进作用。这就要求教育者在开展实践行动的过程中适时以情感激发大学生的内心情感，以高尚人格完善大学生的人格，掌握学生的情感动态，这样才能从"动之以情"跃升到"晓之以理"。

（4）加强教师队伍自我教育，提升教师道德素养引领力。教师作为社会中教书育人的领头羊，更应该以严格的要求约束自己，在社会公共生活和家庭生活中起到作为先行者和模范执行者的作用。在新的历史条件下，教师尤其要加深对学生学习以及生活的认知，倡导与实践民主的师生关系，把与学生互动的时间从课上拓展到课外。教师要善于自察与自省，遵守公民道德规范，提升自身的专业素养与道德修养，以这种标准调节学生和自身的行为，对学生的公民道德素质起到良好的作用。

教师自我教育最主要的是学会将理论与实践相结合。首先要兼顾自身物质文明与精神文明，切不可仅以学术成就评判自身。其次要积极参与实践，丰富教育内容，这就要求教师自身的专业素养、教育理论素养与职业素养的完备。最后，还要学会自我批评，要正确认识自己，并给自身的专业素质与道德素质树立高标准，增强"慎独"意识。另外，学校管理者要尊重教师的主体地位，尊重他们在教育工作中的劳动，要以实际行动关怀教师，真正激发教师的教育主动性与积极性，不能以过多的形式要求限制教师发挥其创造性。学校管理者要改变管理方式，转变单纯的权力管理模式，努力改善教师的工作、生活条件，解决教师的实际困难，重视对教师进行情感投资，以便教师全身心地投入工作，促进学校公民道德教育质量的提高。

（5）完善大学生班集体管理，建设优良班集体。班集体是学生群体的基本组织形式，又是高校学生的基本管理单位，是高校为实现培养目标需要而组成的学生集体。班风建设是高校集体建设的核心，良好的班风是优秀班集体的外在表现，是班级学生集体共同表现出来的外部特征。建成奋发有为、积极向上的班集体，为学生成才创造良好的育人环境，是教师和每个班集体成员应尽的责任和义务。一是要进行理论概括，提炼出适应社会需要、适合学校、符合大学生发展需要的班风。二是要落实大学生班级管理。三是要在共同规范中倡导个性。四是要具备团队精神。总之，班集体学生对个体的影响是长期的。教师不能仅仅满足于一般集体的组织建设，应在抓好班风建设的基础上，努力建设优良班集体，特别是要做好大学新生的班集体建设，使大学新生尽快适应大学生活。原因是优秀的班集体一经形成，就会对学生产生长期和深远的影响，从而收到更有效的公民道德建设效果。

3. 守牢大学生公民道德建设的网络空间

当今时代网络信息大爆炸，网络丰富的功能越来越满足大学生的需求，如知识的需求、娱乐的需求、交流的需求等，促进了社会交往；但同时网络中充斥着大量不良信息，而大学生的辨别能力有待加强，其人生观、价值观与世界观还未完全形成，网络的这一特征会给大学生带来消极作用。因此，教师要善于发挥网络的积极作用，以积极作用带动大学生公民道德素质的提升，同时要警惕网络对大学生思想意识、道德观念的消极影响。

（1）帮助大学生树立正确的网络道德观念。首先，在网络世界里加强公民道德规范。大学生学习与生活诸多方面都与网络密切相关，因此必须在网络平台上通过多种形式加强大学生公民道德规范要求，培养他们在网络中的道德自律能力与道德选择能力，帮助他们提升网络道德素质，完善人格修养，促进大学生在网络中自觉地以公民道德规范为自身的行为准则，坚守大学生公民道德建设网络阵地。其次，在网络阵地中巩固社会主义话语权。要巩固网络阵地的社会主义话语权，拓展道德建设空间，一方面可以创建符合社会主义核心价值观的主流网站与网页，使大学生能够随时随地接触新鲜的丰富的思想道德教育资源，能够在第一时间接受马克思主义熏陶；另一方面可以积极启动专业性的思想教育软件，为大学生提供发表正确言论的网络场所，增强大学生与国家的互动性，以便国家通过这个方式了解与把握大学生的最新思想动态并制定相应的教育策略。最后，通过合情、合理、合法的技术手段在合理范围内强制要求大学生浏览主流网页。理论与实践相统一不会自发形成，需要统治者发挥一定的主导作用，对于网络上的负面信息，国家可以通过技术引导大学生强制退出不良网页。

（2）重视大学生网络心理建设。首先，要引导大学生明确自身在网络空间的主体性，并建立相应的公民道德教育系统。思想教育工作者要重视大学生网络心理教育工作，帮助他们树立正确的网络观念；要经常关注与深入研究大学生的心理动态，引导他们认清自己的需要，必要时能够主动接受心理帮助。其次，要加强高校网络信息资源的共享。这就是要求有一个比较完善的网络站点，教师能够通过这个站点了解大学生的道德表现，把握其思想动态，从而提高自己与大学生交流的精准性。再次，要提升大学生自我管控的能力。对大学生进行网络公民道德教育，引导他们自觉吸收正确理念，摒弃错误思想，自觉增强辨别力，从而筛除那些充斥在网络中的错误思潮。最后，要大力开展网络校园文化活动，提高大学生在网络中的公民道德素质。要善于借助网络这个载体培养大学生的道德素质，大力开展丰富多彩的相关活动，激发大学生的网络上进心，引导大学生树立正确的网络观念，具备良好的网络道德素养。

（3）共建网络德育平台，提高网络公共道德环境质量。飞跃发展的网络技术逐渐打破了虚实环境之间的界限，社会、学校、家庭的道德活动和道德交往都不同程度地在网络空间中得以延伸，传统德育环境分而治之的格局经网络之手得以统整。学校可借用网络技术和工具、软硬件设备，改善教育教学的方法和手段，增设网络教学渠道，为学生构建网络化校园。网络化的家庭环境也能够在虚拟世界里构建出来。在网络空间中，社会、学校、家庭环境之间的信息流动频繁，信息交集区域增多，三类传统的德育环境通过网络平台得以发展和交融，使得受教育的个体在网络空间中可以无阻隔、不间断地接收来自社会、学校、家庭三方环境的信息。因此，要净化学校、社会以及家庭在网络空间中的环境，为大学生公民道德的发展营造良好的网络氛围。

### （二）优化大学生公民道德建设的制度环境

大学生是公民道德建设工程的关键群体之一。在大学生公民道德建设过程中，制度保障尤为重要。道德具有社会性功能，包括规范功能、认知功能以及调控功能。要实现这些道德功能，一方面要依靠个体自我控制；另一方面，必须依靠社会外部的舆论力量以及制度体系。完善的外部制度体系有助于人们发挥道德功能。因此，大学生公民道德建设工作需要完善的制度作为保证。大学生的公民道德实践行为要在社会秩序范围之内，符合现实所需，这就要求社会形成健全的制度体系，制度建设是道德建设的现实保障，也是当代大学生进行公民道德建设的重要保证。

### 1. 正确运用制约大学生公民道德的法律规章

社会生活不断变化、发展，统治阶级需要维护本阶级的利益，这体现为把符合本阶级利益以及适应社会发展需要的道德要求上升到法律高度，以法律条文规范社会道德，同时把那些不符合统治阶级利益且阻碍社会发展的道德规范予以剔除。在历史发展过程中，每个统治阶级都将法律与道德作为维护本阶级根本利益的工具，表现为法律的硬要求与道德的软约束。因此，大学生公民道德建设需要完善的法律规章体系，即有理有序、实施有据、监督有效的制度体系，这样方能真正落实规范，即运用关于大学生公民道德的规章制度，令大学生能够做到行己有耻、止于至善。

这就要求发挥国家和政府的主导作用。政府是推进公民道德建设的主体，因而必然是推进大学生公民道德建设的主导力量，其有助于凝聚社会各方面力量共同推进建设，统筹社会各方资源，能够为推进大学生公民道德建设制度建设工作创造必要的条件。政府行为在公民道德建设中的主导作用主要是指政府通过有效的法规、政策及各种行政措施从宏观上引导、调整、监控甚至支配道德建设工作推进的进程。在目前的状况下，政府：一要利用行政手段与措施的强制性扫除公民道德建设过程中的各种障碍尤其是体制障碍；二要逐步建立支持大学生公民道德建设工作全面推进的法律法规体系，从而减弱行政手段与措施在推进大学生公民道德建设工作中的作用，强化学校和大学生依法行事的自主权；三要有效整合资源，针对不同地方的大学生制订具体的计划，完善大学生公民道德建设实践路径；四要组织相关部门改进建设的方法与途径，探索新的内容与形式，制定必要的规章制度及处罚手段和措施，建立、完善教育和处罚并进的长效机制。

### 2. 具体发挥高校管理制度对大学生的约束作用

高校是大学生公民道德建设的主阵地，高校要制定相关的学生管理制度，特别是规范大学生公民道德制度，这样能有效管理学生的公民道德实践。首先，高校要完善管理制度，校级领导、院级领导、辅导员以及学生会的工作安排要清晰明了、职责明确。其次，高校要加强对大学生管理者的道德教育与培养，这有利于提升其他大学生的道德素质。最后，高校在开展实际工作的过程中，要发挥教师的模范带头作用，保证公平公正制度，这种才能真正发挥各项学生管理制度的实效性，才能使公民道德制度管理工作朝着良性的方向发展。

### 3. 建立并完善大学生公民道德实践行为的评价制度

要构建多元性的大学生公民道德评价制度，评价的终极目标指向学生主体公民道德的发展。每个大学生个体都有不同的潜力，面向每个大学生，道德发展的评价不可"一刀切"，这就要求构建大学生公民道德实践评价机制要以学生全面发展为基础，要注重学生的多元性，要善于以激励为评价手段与目标。评价的多元性主要是指评价主体不应该只是高校，还要结合家庭、大学生以及社会的相关评价等，评价内容要涉及大学生公民道德建设的"四德"，评价方式要定性与定量评价相结合，开展自评与互评相结合。

4.依靠道德社会监督的三重机制

首先是群众监督，群众监督是道德社会监督的基础。社会公民道德强调为人民服务的核心理念，注重营造互帮互助的道德氛围，这使得群众对社会道德的监督就成为社会道德素质提升的重要方式。这种群众对社会道德的直接监督具有独特优势，是社会约束与管理大学生公民道德行为的重要力量。当代大学生能够通过诸多方式认识世界，如通过科学技术获取知识，相信真理并以真理指导实践，通过文学艺术学习正能量形象，通过审美实践提升审美情趣。而道德则用评价善恶的方式进行活动，贯穿大学生认识世界观的全过程，使大学生能够在思想道德上确立是非、善恶、美丑的标准和界限。

其次是组织监督。人们普遍认为道德修养问题是个人状况，与社会组织并无密切联系，但实质上个人的道德状况事关整个社会和国家的命运。大学生毕业成才后会走上社会工作岗位，会成为社会中某个组织的成员，在各行各业发挥他们的才干。相对而言，社会组织存在明显的边缘界限，组织较为稳定，管理与被管理关系较为明确，并随着社会与自身的发展形成较为稳定的组织文化与价值取向。社会组织作为社会的一分子，既要承担对其成员的道德建设的职责，又要发挥道德监督的实效性。因此，大学生走上工作岗位后，社会组织监督能够约束其公民道德行为实践。在组织内部的监督、约束下，组织文化与制度能够对大学生的个人行为形成较为稳定的外在强制力，强化道德组织监督，从而构成道德社会监督的有效方式之一。

最后是社会的法律监督，法律监督是道德社会监督的重要组成部分。在现实生活复杂多变的情况下，道德由社会需要与统治阶级利益而定。我国法律是党的主张与人民意志的统一，能够保证社会对道德的监督，这是由其地位而决定的。因此，大学生公民道德实践行为必须遵守法律，不得超越法律。同时，大学生如果出现严重违反公民道德规范的行为，法律会根据情况适当进行处罚。因此，完善法律对道德的监督能够在客观上协调大学生公民道德实践行为，有效提升公民道德素质。

总之，社会监督在大学生公民道德建设中起着不可忽视的作用，是体制转型中的薄弱环节，应使其发挥自身优势，这对于迅速扭转道德失衡状况、促进大学生公民道德建设能够起到极大的推动作用。

此外，还要加强社会舆论和媒体监督。社会舆论和媒体监督是维护社会公平和正义的重要力量，因此要通过网络等媒体平台发挥舆论的渗透力量，对那些错误的思想道德观念进行批判与纠正，形成强大、合理、科学的社会舆论监督，这有利于大学生主动进行公民道德修复。新时代新人要具备遵纪守法的宪法意识，要善于自我约束，形成高尚的公民道德素质。道德和法律两者相互促进，法律对大学生公民道德的监督可以使大学生公民道德和法律在更深层次上不断进行协调，促进社会与大学生的公民道德素养提升。

# 第四章
## 当代大学生社会责任的培育

# 第一节 社会责任感的内涵与培育模式

## 一、社会责任感的内涵

### （一）社会责任感的含义

从心理学角度来看，社会责任感是指个体积极承担社会责任或帮助他人的一种比较稳定的心理品质，具有重要的进化意义和现实意义。意大利思想家朱塞佩·马志尼在《论人的责任》中把责任分为社会责任和个人责任。社会责任感可分为对自我的责任感与对他人和社会的责任感。其中，自我责任感是基础。如果一个人对自我的生存和发展都不能负起责任，自己的生存和发展都保障不了，也就不可能对家庭、他人、集体、社会负起责任。自我责任感包括自我生存的责任感和自我发展的责任感，具体是指珍惜自己的生命，关心自己的身心健康，丰富自己的精神生活，有明确的奋斗目标和人生追求；努力学习，提升自身修养，追求有价值的人生；对自己的言行负责并履行自己的义务，提高自己的人生境界；等等。对他人和社会的责任感的内容极为丰富，大致包括以下几点：第一，对家庭的责任感。包括孝顺父母、尊敬长辈、维护家庭团结、主动减轻父母的负担等。第二，对他人和集体的责任感。个人对他人的责任最基本的要求是关心他人、相互尊重、乐于助人、信守承诺、和谐友爱等，乐于助人包括态度要真诚、帮助他人改正缺点和错误等。个体对集体的责任集中表现在如何正确对待及处理个体利益与集体利益之间的关系的问题上。第三，对国家和民族的责任感。对国家、民族的责任是一种公共责任，是一个人对祖国的繁荣和进步、对民族的兴盛和强大所需承担的职责和使命。第四，对世界、人类的责任感。当今时代，各种全球化问题的出现要求人类以智慧与责任感建构新的伦理价值体系，关注人类生存环境也是对人类未来负责任的表现。因此，加强责任感培育已成为全球的共识与趋势。

### （二）社会责任感的构成要素

社会责任感的构成主要有以下几种：按照责任的承担主体将社会责任感分为个人的责任感、集体的责任感和国家的责任感等，按照责任的客体将社会责任感分为对个人的责任感、对他人的责任感、对集体的责任感、对国家的责任感等，按照责任感涉及的领域将社会责任感分为政治责任感、经济责任感、生态责任感、文化责任感等，按照责任的层次结构和对象将社会责任感分为个人责任感、家庭责任感、他人责任感、集体责任感、国家责任感。

### 1. 家庭责任感

家庭责任感是指家庭成员爱自己的家人、主动分担家务劳动、孝敬父母、维护家庭团结和睦的情感体现。家庭是社会中最基本的单位，家庭和谐是社会和谐的基本保障。家庭是避风港，每个人都在家庭中获得爱以及付出爱。家庭责任感非常重要，原因是一个人倘若对自己的父母、亲人都不能尽到责任，就更不可能对社会中毫无血缘关系的他人负责。"孝"是中华民族的传统美德，更是家庭责任感的集中体现。大学生作为家庭的一分子，应孝敬父母、回报父母，将中华传统美德中的"孝"传承下去，并且发扬光大。

### 2. 他人责任感

每个人都具有两种属性：自然性和社会性。社会性是人的本质属性，决定了人是群居动物，必须生活在一定的人际关系和一定的社会环境当中。因此，社会就是由我们个体自身以及除我们之外的其他人共同组成的。人要想很好地生活，就必须和社会中的其他人形成良好的互动，即我们自己自觉对他人负责，他人也自觉对我们负责，进而保障全社会有序、良性运行。对于生活在校园中的大学生而言，对他人负责是指在学习中主动帮助同学，主动为同学解答疑惑，与他人共同进步；在生活中团结友爱，同情弱者，积极帮助生活有困难的同学，增强与他人的合作意识，与同学友好相处。

### 3. 集体责任感

集体是一种社会组织，它由一定的权利、义务关系组成，并且由一定的组织结构和制度规则联系起来。我们每个人都生活在大大小小的多个集体中，大到中华民族这个大家庭，小到个人成长的家庭这个小集体。对大学生来说，最重要的集体是班集体。每个人都只有依赖集体才能存在和发展，所以我们都必须热爱和关心我们的集体，对集体负责，有了集体我们才有归属感，才有凝聚力。我国是社会主义国家，社会主义核心价值观强调集体利益高于个人利益。因此，集体主义是我国大学生道德价值体系的主要原则。它要求大学生做到，在集体利益不受损失的前提下，实现个人利益与集体利益的融合；当个人利益和集体利益出现冲突时，应放弃个人利益，服从集体利益。对大学生来说，对集体负责表现为积极参与集体事务，关心集体发展，形成团队意识，维护集体荣誉。

### 4. 国家责任感

国家责任感是社会责任感的核心，是社会责任感最突出的表现。我们都是国家的公民，只有国家发展了，个人才能发展。因此，国家的命运决定了个人的前途。中华民族有着甘愿为民族、国家的发展牺牲一切的优良传统，从古至今有很多舍生取义、精忠报国的典型例子。从孔子提出"以仁治国"，到杜甫的"安得广厦千万间，大庇天下寒士俱欢颜"，再到范仲淹的"先天下之忧而忧，后天下之乐而乐"，无不体现出先辈对国家的深厚感情、对国家责任的勇于承担。加强对大学生国家责任感的教育不仅有利于培养大学生的良好品质，还有利于国家、民族兴旺的千秋大业。

当代大学生的高度国家责任感应表现在以下方面：首先，具有高度的理想责任感，维护国家统一，反对民族分裂；其次，具有崇高的历史使命感，把握历史脉搏，了解祖国的悠久历史和灿烂文化，保护珍贵的优秀传统文化，大力弘扬民族精神；最后，了解祖国建设情况和国家的重大方针、政策，了解世界重大事件，积极参与国家公共事务管理，关心国家命运，积极参与民主监督，投身于社会主义建设大潮中，使自己的人生目标同社会的发展目标相一致。

### 5. 社会责任感的基本特征

（1）道德自觉性。社会责任感是个体在承担对国家、民族、他人和自我的责任的过程中自觉意识到的，对社会责任的履行是出自个体灵魂深处的道德诉求，也是个体自觉自愿接受和承担的，源于对社会发展、自我完善等普遍价值的关怀。在康德看来，为了达到某种功利目的而履行责任不具有道德性。随着认识水平和思想觉悟的不断提高，道德主体应能够把外部社会和他人对自己的客观要求内化并升华为主观意识上的道德应然，自觉履行主体的责任与义务。这种道德自觉性还体现为个体更注重对自己行为意义的认识、选择及对行为过程的规划等，以及当个体为承担职责所付出的责任行为产生不良后果时，个体能够主动接受行为过失所带来的惩罚。

（2）主体性。责任感是主体意识的体现，是个体对与社会、他人关系中所规定的职责、义务的认同和践行。责任主体的行为是出于意志自由，在深刻认识社会发展规律的基础上自由选择的，并且责任主体应主动接受社会和他人赋予自己的职责，对主体行为后果主动承担责任。一般而言，主体意识越强，则社会责任感越强；主体意识越弱，则社会责任感越弱。个体只有始终把自己当作道德主体看待，才会积极主动地承担对国家、民族、他人和自我的义务，才能敢于负责任，从而形成社会责任感。个体如果不去主动承担职责，认识不到自己在社会责任中的主体地位，只是把自己当成客体看待，那么就不会具备社会责任意识，也就不会形成社会责任感。社会责任感具有利他性。社会责任感本身便是一种价值取向，而价值取向控制和调节着人们的社会行为。个体应积极履行社会、他人和个人发展进步对自己提出的责任与义务，及时将这种外在规定内化为自己的道德主动意识，要求自己继续做出有利于社会和他人的责任行为。社会责任感正是在这种负责任的利他行为中产生的积极情感体验。社会责任感要求个体对社会和他人承担责任，坚持做到为国家繁荣、社会进步和他人的生存发展担负责任，关心国家大事，热爱学习，乐于助人，服从国家和集体利益，积极参加社会活动。这些责任行为本身就具有较强的利他性。我们认为，无利他动机的行为不能体现社会责任感。社会责任感作为社会规范内化于个体的主观意识中，在个体履行自己所承担职责的同时，行为后果已经对社会和他人的发展和进步产生了积极的影响。

### （三）大学生社会责任感

大学生的责任感是大学生对其责任对象的自觉意识和体验。任何社会责任感都是基于个体人格独立、健全、完整之上的责任担当。一个人如果对自己都不负责任，很难想象他会有很强的社会责任感。当代大学生是祖国的未来和希望，是未来社会中最优秀的群体。在不久的将来，他们走向社会，融入社会和经济生活，或代表个人，或代表集体，或代表国家从事各种经济、社会活动的时候，其社会责任感的状况决定了他们的行为方式和行为结果，影响着个人、集体和国家。大学生的社会责任感对大学生自身的完善以及我国社会主义事业的成功、社会主义和谐社会的形成和发展等都具有非常重要的现实意义。

## 二、培养大学生责任感的教育模式

### (一)教育模式的含义

顾明远主编的《教育大辞典》对"教育模式"有如下解释:教育在一定社会条件下形成的具体样式;反映某个国家教育制度上的特点的模式;某种教育和教学过程的模式,反映活动过程的程序和方法。[①]《辞海》对"模式"的解释是"亦译'范型',一般指可以作为范本、模本、变本的式样",并指出"在社会学中是研究自然现象或社会现象的理解图式和解释方案,同时也是一种思维体系和思维方式,有进化模式、结构功能模式、均衡模式和冲突模式等"。

参照上述各种解释及在实践中运用的情况,我们可将社会学中的"模式"理解为事物结构的标准式样,其基本内涵有以下几点:模式属于事物结构的范畴,包括外部形态、内部结构、运行机制与程序等要素;所谓标准式样,是指经过概括化的,具有明晰的功能、结构与操作程序,可供人们模仿的范本或模本;事物因自身的发展和所处环境条件的不同而发生结构性变化,并形成基本结构相同、具体式样不同的多种变式。正是事物变式的多样性决定了同一事物模式的多样性。但凡特指的某一种模式实际上都是事物多种变式中某种特定的变式,因而不同的模式总是相比较而存在的。教育模式是教育结构的标准式样,是在一定的社会历史条件下,在教育思想与教育理论的指导下建立起来的较为稳定的教育活动的结构框架和活动程序。

### (二)培养大学生责任感思想培育模式的类型

责任感培育已成为全球共识,各国都注重培养有责任的公民,部分国家已将责任教育纳入教育纲领或法规。从高等教育的角度看,可以把我国对大学生进行责任感思想教育的模式分为以下五种。

#### 1. 理论认知的主体育人模式

理论认知的主体育人模式是指着眼于引导和帮助青年大学生学习和掌握基础理论、观点和方法,确立共同理想,树立正确的世界观、人生观、价值观,具有坚定理想信念的教育模式。对大学生进行责任感思想教育,要通过

---

① 顾明远.教育大辞典[M].上海:上海教育出版社,1997:125.

积极推进理论武装和理论创新，确保大学生思想教育的正确导向，确保为社会培养理想信念坚定、具有爱国主义情怀、具有高尚道德情操、具有科学思维方式的社会主义合格建设者和可靠接班人。

### 2.知行合一的实践育人模式

实践教育是一种有效的育人方式，是指大学生有组织或自发地运用课堂上所获得的理论知识、间接经验、感受，参加或开展与大学生的健康成长和成才密切相关的各种应用性、综合性、导向性的实践活动。通过参加实践活动，大学生能够进一步坚定理想信念，深化对理论知识的认知。例如，开展"三下乡""四进社区"的社会实践，让大学生感受社会的发展变化，增强其社会责任感；组织大学生参加公益劳动、社会调查、社会服务、勤工助学、挂职锻炼等各种社会实践，加深他们对理论知识的理解。社会实践是理论认知主体教育模式的有益补充，是大学生责任感思想教育不可或缺的重要载体形式。在实践性教学过程中，大学生不再是被动的接受者，而是积极的参与者，不仅要做笔记，而且必须针对实际问题进行独立思考，认真钻研，作出判断。在这一系列主动行为中，大学生的主体性、能动性得到充分发挥。

### 3.文化熏陶的环境育人模式

文化在大学生责任感思想教育中主要起到熏陶作用，而影响大学生责任感思想教育的环境因素主要包括社会环境、家庭环境和校园环境，这里重点探讨如何发挥校园文化建设在责任感思想教育中的熏陶和感染作用。校园文化是指学校全体师生员工在长期的办学过程中培育形成并共同遵循的最高目标、价值标准、基本信念和行为规范，它是一种管理文化、教育文化、制度文化和组织文化，是一种特殊的文化教育因素。由于文化本身的特性，校园文化具有潜移默化、点滴渗透的重要育人功能，先进的校园文化能陶冶大学生的情操，有助于大学生形成正确的世界观、人生观、价值观，促进大学生健康成长成才。

### 4.情感互动的服务育人模式

情感互动的服务育人模式是指学校的教师、干部、职工为了实现育人的目标，在从事自己本职工作的过程中，以一定的形式，对大学生进行直接或间接的教育，并在教育过程中融入情感，做到以情动人、以情感人，最大限度地激发大学生全面成才的内在动力的教育模式。针对目前大学生的思想状况，教师要转变育人观念，增强服务育人意识，把大学生责任感思想教育与管理育人和服务育人有机地结合起来。要将大学生的工作模式从管理型向教育型、服务型转变，要为大学生的成长成才创造各种有利条件，优化校园育人环境，要把握大学生在学习、生活中不同层次、不同方面的合理需要，要实现服务最优化，要为大学生提供各种生活服务，改善其生活环境；提供勤工助学服务，帮助生活困难的大学生顺利完成学业；提供学习服务、就业服务、心理咨询服务，促进大学生的全面健康发展。

### 5. 与时俱进的创新育人模式

创新是思想教育工作的灵魂，它贯穿思想教育的全过程，只有不断创新才能使思想教育工作充满生机与活力。在与时俱进的创新教育研究过程中，一方面，应在已经建立起来的如"挑战杯"、创业计划大赛、学术科技论文大赛等创新教育模式的基础上，进一步探索创新教育模式，通过建立大学生创新创业园等，提升大学生运用知识和创新创业的能力，充分发挥创新教育模式在大学生责任感思想教育中的导向作用，使其更好地为思想教育工作服务；另一方面，应对思想教育工作进行创新，建立网络大学生思想教育阵地等创新教育模式，引领时代潮流。当今的教育环境要求教师必须解放思想、与时俱进，积极大胆地进行创新教育模式探索，如进行观念创新、制度创新、方法创新和手段创新等。

社会发展和大学生身心发展的情况决定了大学生责任感思想教育必须是整体性教育，现代思想教育工作必须转变教育观念，对教育手段和经验进行整合。要紧紧把握社会发展规律和大学生成长成才规律，树立以人为本的教育理念，从大学生的内在需求出发，引导大学生把个人的成才目标与学校的教育目标统一起来。要继续坚持和完善如教书育人、实践育人、活动育人、管理育人、服务育人、环境育人等教育形式，在此基础上，进一步加强对各种思想教育模式的整合研究，使课堂教学、社会实践、校园文化、管理服务等教育模式相互作用、相互渗透，形成完整有效的思想教育系统，使系统内部诸要素之间达到最优整合，使整个教育系统的结构和功能得到优化。

在这五种模式中，理论认知的主体育人模式、文化熏陶的环境育人模式和情感互动的服务育人模式对大学生进行的是认知和人文教育；知行合一的实践育人模式对大学生进行的是实践教育；与时俱进的创新育人模式引导大学生在学习和实践中不断创新，是培养大学生的创新思维和创新能力的教育模式。要培养大学生的责任感，就要先对大学生进行理论认知教育，再进行实践教育，使大学生在实践中对理论进行再认识，而大学生对理论再认识的过程也就是创新的过程，这符合哲学的观点，即认知 → 实践 → 再认识（创新）。各种教育模式应该互相渗透，相互融合，而不能相互独立，在教育过程中只有协调运用、协调发展以上五种育人模式，才能达到和谐统一，思想教育工作才能做得更好，进而取得较好的育人效果。大学生素质教育的目标就是培养具有综合素质、全面发展的人才，这就要求大学生积极有效地适应、接受和利用各种教育模式，认真接受课堂教学、校园文化和管理服务等模式的认知教育，不断积累理论知识；积极参加社会实践，接受实践教育，在实践中锻炼成才；不断培养自己的创新意识和创新能力，在实践中不断创新，实现全面发展。

# 第二节　当代大学生家国情怀的培育

## 一、家国情怀的含义

家国同构是家国情怀形成和发展的关键影响因子，共同体意识是家国情怀不断发酵的精神支撑，家国情怀包含家国同构、共同体意识这两个内涵。

### （一）家国同构

家国同构阐释了家与国之间的辩证关系，它蕴含着个人与集体、个人与社会之间的义利观念，透视着个人与家庭、个人与国家、家庭与国家之间的利益取舍和价值取向。家国同构思想是家国情怀的基本内涵之一。

传统社会的家国同构思想起源于 3 000 年前的西周初年。西周时期，人们常说君臣亦是父子，这一说法体现的就是忠与孝的统一，君臣关系主要是依照血缘关系的亲疏来确立的。基于人的自然情感的家国同构思想是一种由内而外的家国精神信仰，是从敬老慈幼到孝悌忠信、心怀天下的家国意识，是以血缘关系为桥梁，并由个人对家庭的责任拓展和上升为对社会的关心、对国家的建设的共同价值追求。中华民族在探索个人、家庭和国家生存、发展与繁荣中的精神认同就被定义为家国同构，它强调的是由小家到国家、与治国之间的内在联系。

家国同构的本质和核心思想就是"忠孝一体"，孝传递的是个人对家庭的价值，忠则表现为个人对国家的价值，它包含了血缘和忠孝这两个核心要点。血缘关系是古代伦理的客观需要，是家国同构的情感寄托；而忠孝是家国同构的本质内涵，是家国同构对人们道德层面的要求。家庭风气、家族模式、家族戒律等长期以来的核心思想都强调家国同构思想所蕴含的家庭治理与国家治理之间的辩证关系。中国传统文化中的优良家风家训是家庭融洽友爱、民族繁荣昌盛的"灵魂"，被中国人一代一代地接续传递，给世人留下了一种精神信仰。这些优秀的家国同构思想是新时代家国情怀得以赓续发展的重要理论源泉。

### （二）共同体意识

家国情怀最为基本的精神内核和价值逻辑就是家国的和合共生、命运与共。家国共同体意识自古就存在于中华优秀传统文化中，是古代家国情怀思想的基本内涵之一，传统社会的共同体建立在个体的基础上，从家庭到国家，再由国家推广至天下，在此基础上形成家国情怀。个体对家庭的爱护、对国家共同体的维护、对世界共同价值的追求、对共同体责任的自觉担当构成了自然朴素的家国情怀。对小家的爱恋守护、对祖国的热诚担当、对天下和合共生的向往与追求，以及当家庭和国家处境困难时，能够舍己救国、牺牲个人成就的无私情怀和奉献精神就是对家国情怀中蕴含的共同体意识最好的诠释。

共同体意识是家国情怀不断发酵的精神支撑，是实现个人与国家的统一、构建中华民族命运共同体和人类命运共同体的精神内核。我国古代有许多忠义之士为了维护祖国的和平统一，戎马一生、以身许国、为国忘家，霍去病的"匈奴未灭，何以家为"充分体现了其威武不屈的爱国气节；徐锡麟的"只解沙场为国死，何须马革裹尸还"抒发了其义无反顾的革命激情和牺牲精神。这些无不彰显了家国之间相互依存的共同体意识。家国情怀就是将个人与国家看成一个契合的共同体，将个人命运与祖国、民族的命运紧密相连，个人与祖国、与人民同呼吸共命运的一种共同体意识。

## 二、当代大学生家国情怀培育的含义

当代大学生家国情怀培育是国家和高校根据社会发展需要和当代大学生的成才发展需要，有目的、有计划、有组织地对其开展中华民族共同体意识教育、国防安全和忧患意识教育以及人类命运共同体意识的教育。对当代大学生进行家国情怀培育是为了引导他们正确爱国，引导他们正确认识世情、国情，最根本的目的是激发他们的爱国主义精神，铸牢当代大学生对中华民族共同体意识的认识以及对人类命运共同体的认同，加深当代大学生对家国的感知与理解，促进当代大学生全面发展。当代大学生作为实现中华民族伟大复兴的中坚力量，更需要优秀情怀的引领。坚持正确的办学方向、坚持立德树人的根本任务是当代大学生家国情怀培育的根本遵循和方向指南。培育当代大学生家国情怀最终是为了增强当代大学生对家庭的感恩与责任意识、对祖国的热爱，使其为建设现代化国家和实现中华民族伟大复兴大业出谋划策、贡献才智。

### 三、当代大学生家国情怀培育的时代价值

#### （一）当代大学生家国情怀培育对个人的价值

家国情怀是大学生成长成才路上最好的"营养剂"。培育当代大学生家国情怀有利于提升当代大学生的家国素养，促进其全面发展；有益于当代大学生坚定理想信念，砥砺其家国情怀；有助于当代大学生强化责任担当，践履时代使命。

1.有利于提升家国情怀素养，实现全面发展

当代大学生是祖国的未来和希望，更加需要优秀的情怀指引其前进的方向。家国情怀是中华优秀传统文化中的宝贵精神财富，富含爱国、爱家、爱社会主义的教育资源，是引领大学生提升家国情怀素养、实现全面发展的重要精神因子。

第一，家国情怀教育是提升当代大学生家国情怀素养的重要手段。大学生家国情怀培育是锻造有情怀、敢担当、有信念、善奉献的新时代青年的重要路径，也是培育敢奋斗、敢拼搏的新时代创新型人才的必然选择，更是培养素质过硬、家国情怀深厚时代新人的现实路径。培育当代大学生家国情怀有利于提升当代大学生的家国情怀素养，促进当代大学生提升自身综合素质能力，实现个人价值。

第二，培育当代大学生家国情怀是促进当代大学生全面发展的重要"营养剂"。培育大学生家国情怀有利于促进当代大学生自由而全面发展，有利于引领当代大学生将家国情怀中的忧国忧民之情、爱国爱民之心内化为自身的爱国思想，外化为自身的报国行为，在实践中、在奋斗中、在奉献中释放青春的激情与热情，追求青春理想与抱负，在中华民族伟大复兴之路上不断开拓创新、锐意进取，忠心报国、建功立业。

## 2. 有利于坚定理想信念，砥砺家国情怀

家国情怀是人们对"家"与"国"的深情眷恋情怀和归属情结，是个人对家国的认同感和爱国的自觉担当，是把爱家和爱国融为一体的思想境界。家国情怀是中华优秀传统文化的重要精神瑰宝，内含丰富的爱国主义教育资源，家国情怀是日常化、生活化的爱国主义精神，是弘扬中国精神、凝聚中国力量、汇聚中国智慧的重要精神力量。

第一，培育当代大学生家国情怀有利于当代大学生坚定爱国、报国、兴国的家国信念，是为国育才的重要践行路径。在当代弘扬和培育家国情怀，能够为处在梦想扬帆起航关键阶段的大学生指明前行的方向，有利于坚定大学生的理想信念，有助于激发和唤起大学生树立中华民族命运共同体意识，推动构建人类命运共同体的积极性、主动性与创造性。

第二，培育当代大学生家国情怀是指引大学生立鸿鹄之志、树爱国情怀的重要价值导向。面对世界百年未有之大变局，培育当代大学生家国情怀有利于引导大学生筑牢理想信念之"根"和爱国情怀之"本"，在面临利益诱惑、人生选择、形势研判等严峻的考验时能够理性处理、坚定立场，树立正确的价值观，坚定与祖国同心同向、与人民同心同德的理想抱负与爱国担当意识。

## 3. 有利于强化责任担当，践履时代使命

作为社会的一分子，每个人都应该承担一定的社会责任。当代大学生家国情怀培育是以强化和塑造大学生的责任担当和爱国精神为根本遵循的，旨在建构起当代大学生对于家国责任和使命的情感认同。通过接受教育，当代大学生将责任意识、担当意识、爱国意识内化于心，在实践中将内心的责任和担当外化为强国兴国的实际行动。

第一，培育当代大学生家国情怀有利于强化当代大学生的责任担当。责任担当作为家国情怀的重要内涵，在教育引导大学生践行社会责任上发挥着突出的作用。将家国情怀教育融入高校思想教育教学过程中，能够为学生成长成才指引前进的方向，强化学生的责任和担当。培育当代大学生家国情怀可以引导其为全面建设现代化国家、实现中华民族伟大复兴的中国梦出谋划策、添砖加瓦。

第二，培育当代大学生家国情怀有利于增强大学生的使命感。家国情怀是指个体对家庭以及共同体的认同、维护，对天下共同价值的追求，对共

同体责任的自觉担当。培育当代大学生家国情怀能够增强大学生的民族自尊心、自信心、自豪感，有助于引导当代大学生形成正确的爱国思想、爱国情感、爱国精神、爱国行为，可以提高当代大学生对国家、民族、社会的使命感，在祖国面对挫折和挑战时能够主动将个人情感与爱国情感融为一体，用实际行动诠释济世救民、匡扶天下的使命担当，践履富国、强国、兴国的时代使命。

### （二）当代大学生家国情怀培育对社会的价值

家国情怀是中华优秀传统文化的凝聚，应该成为当代大学生身上新的时代标签。将家国情怀教育融入当代大学生的学习和生活中，对于传承以爱国主义为核心的民族精神和推动人类命运共同体的构建都大有裨益。

#### 1. 为传承以爱国主义为核心的民族精神汇聚优质资源

当前，现代高校思想教育的根本任务和根本目标是立德树人，就是培育有理想信念、有爱国意识、有担当精神、有奉献精神的社会主义合格建设者和可靠接班人。家国情怀教育能够培育当代大学生对于国家的热爱与担当、对社会的奉献与作为、对家庭的责任与感恩。家国情怀具有凝聚中国力量、弘扬中国精神的重要价值，作为中华优秀传统文化、社会先进文化的价值凝练，本身包含着以爱国主义为核心的民族精神。家国情怀不仅体现在为家的眷恋情感，而且体现为对祖国的热爱和奉献，同时也是爱国行动的深层动力。当代家国情怀教育聚焦青年大学生群体，以培育和厚植爱国精神、家国素养为任务，既能够增强当代大学生的家国意识和爱国情感，又能激励当代大学生为祖国振兴贡献力量、认同和维护民族团结，是焕发当代大学生心中深沉质朴的爱国主义精神，保持爱国主义的鲜活和真实的重要教育途径。所以当代大学生家国情怀培育对社会的价值主要体现在为弘扬和培育爱国主义精神积累最优质、最自然的教育资源上。爱国主义精神是中华民族精神的核心，在现代社会，培育家国情怀就是为传承以爱国主义为核心的民族精神汇聚优质教育资源。因此，培育当代大学生家国情怀与传承以爱国主义为核心的民族精神有着内在契合性，培育大学生家国情怀是符合新时代育人要求的，能够为培育走在时代前列的爱国者、奋进者、奉献者营造浓厚的学习氛围，能够为培育有理想、有本领、有担当的时代新人营造良好的育人环境，能于润物无声中在大学生心灵深处种下家国情怀的种子，并让大学生内心的爱国之情、强国之心在优质的教育资源和环境的熏陶下茁壮成长。

2. 为推动构建人类命运共同体提供强大的精神动力

家国情怀是家庭情怀与国家情怀相互碰撞后产生的美丽"火花"，是一种重要的精神力量。走实现中华民族伟大复兴的"新长征路"需要强大的精神动力作为支撑，家国情怀就是一种强大而有力的精神力量，能够为我们走好新时代"长征"之路奠定扎实的心理基石，能够为推动构建人类命运共同体提供强大的精神动力。当代大学生是祖国的未来、民族的希望，正处在"拔节孕穗"期，最需要精心栽培，应以家国情怀教育引领当代大学生成长成才。家国情怀蕴含的"天下兴亡，匹夫有责"的责任担当、"人生自古谁无死？留取丹心照汗青"的牺牲精神，"苟利国家生死以，岂因祸福避趋之"的爱国情怀无不能给当代大学生的思想观念、价值选择、人生追求指引方向。面对中华民族伟大复兴战略全局和世界百年未有之大变局的时代挑战，大学生生逢其时，也重任在肩，处于百舸争流的奋进新时代、新征程。立足新时代，家国情怀教育为新时代大学生提供了既丰富又有营养的"精神钙质"，为推动构建人类命运共同体提供了强大的力量。培育当代大学生家国情怀有利于加深当代大学生对中华民族共同体意识和人类命运共同体意识的认识与理解；有利于凝聚当代大学生的主体力量为新时代的美好生活而努力，为建设社会主义伟大事业付出实际行动；有利于引导当代大学生在劈波斩浪中奋勇前行，在披荆斩棘中开辟天地，在攻坚克难中创新创造，为推动构建人类命运共同体而拼搏奋斗；有利于引导当代大学生以家国天下为重、以社会建设发展为重，坚定理想信念，矢志建功立业，不断开拓进取，坚持学用相长，在实践中求真、求善、求美，勇做走在时代前列的先锋者、开拓者、创新者。因此，家国情怀培育为推动构建人类命运共同体提供了强大的精神动力。

## 四、当代大学生家国情怀培育的内在要求

高等教育的发展方向要与我国发展的现实目标和未来方向紧密结合在一起，这是高校坚持正确办学方向的必然要求，当代大学生家国情怀培育要紧密结合新时代的育人要求，要把不断提升当代大学生的社会责任担当，培育堪当民族复兴大任的时代新人，弘扬以爱国主义为核心的民族精神作为家国情怀教育的内在要求。

### （一）提升当代大学生的社会责任担当

家国情怀是对自己所属的民族和国土的热爱和眷恋，是对自己所属的文

化的基本价值认同，是一种强烈的民族义务感和责任感，也是一种强烈的民族自尊心和自信心。培育当代大学生家国情怀是高校落实立德树人根本任务的题中应有之义，是提升当代大学生的社会责任担当的必然要求。随着市场经济的快速崛起，社会上涌现不少低俗、庸俗、媚俗的文化，会导致辨别是非能力弱的大学生的思想观念不同程度地受到腐蚀。在一些大学生身上，只专注于追求个人利益却对国家利益与集体利益视而不见、只关心个人小事而忽视国家大事等现象日益显现，思想道德滑坡、社会责任感缺失、家国观念淡薄等问题越发明显，不担当、不负责、不作为也成为部分当代大学生面对问题时经常采取的消极态度。因此，培养和提升当代大学生的社会责任担当十分重要。提升当代大学生的社会责任担当是家国情怀教育的必然要求，进行当代大学生家国情怀培育就是要以帮助大学生树立社会责任意识、担当意识为要求和遵循，以培育当代大学生积极向上的家国心态和树立当代大学生的担当精神为重要方向。提升当代大学生的社会责任担当是当代大学生家国情怀培育的内在要求。

### （二）培育堪当民族复兴大任的时代新人

在人的全面发展理论中，除了人的体力和智力的发展，道德的发展也尤为重要。家国情怀就是当个人在物质和智力方面得到一定的满足时，从情感中产生出来的对祖国、对社会、对家庭的真挚情怀。家国情怀培育其实就是为了国家的繁荣发展培养具备家国情怀、创新能力的新型人才。通过家国情怀培育，培养当代大学生开拓创新的能力、甘于奉献的能力、担当责任的能力和向善向上的心态，引导、教育大学生关注世界形势和国家发展变化，使他们成为具备中国情怀、国际视野的现代人才，并激发他们内心深处的家国情怀，激励他们以实际行动投身于祖国的伟大建设之中，在构建人类命运共同体中发挥应有的作用，这也是当代大学生家国情怀培育的内在要求。

### （三）弘扬以爱国主义为核心的民族精神

当代中国青年正处在中华民族发展的最好时期，既面临着难得的建功立业的人生际遇，又肩负着"天将降大任于斯人"的时代使命。当代高校应该为国育才，坚持正确的办学方向，用以爱国主义为核心的民族精神和以改革创新为核心的时代精神武装大学生的头脑，引导大学生把个人成才发展规划与国家繁荣复兴密切结合起来，坚定理想信念，锤炼品格修为，练就扎实技能，在追求国家兴旺发达、人民幸福安康的过程中实现自己的人生价值。当代大学生家国情怀培育应该站在新时代、新起点对大学生树立新目标、新期望，教育引导当代大学生胸怀爱国主义情怀，砥砺爱国奋斗精神，务实爱国奋进本领。因此，当代高校思想教育要站在新的高度，将弘扬以爱国主义为核心的民族精神作为当代大学生家国情怀培育的内在要求。

## 五、当代大学生家国情怀培育的主要内容

### （一）增强当代大学生对家庭的感恩与责任

作为中华优秀传统文化重要内容之一的家国情怀是激励和鼓舞中华民族团结奋斗的精神食粮和心理基石，培育当代大学生家国情怀就要在日常思想教育中不断增强当代大学生对家庭的关心与责任，提高当代大学生对家庭的感恩意识和归属情怀。对家庭的关心与感恩、对家庭的责任感和归属感一旦失去，将不利于身心健康发展，也不利于塑造向善向上、开拓进取的积极心态。源远流长、博大精深的家国情怀积淀着中华民族最深层次的精神追求与信仰，为中国以更昂扬的姿态屹立于世界民族之林提供了强大的精神支撑。当前部分当代大学生独立意识较差、自我中心主义明显，缺乏健康的心态，并且家庭观念淡薄，家庭责任感不强，对父母的感恩之心较传统社会有所淡化。因此，培育当代大学生家国情怀的重要内容之一就是把握当代大学生的心理动态与成才发展规律，以家庭为基点，增强当代大学生对家庭的感恩之心与责任之心。引导其在家庭中与家庭成员相亲相爱，将家国情怀付诸实际行动中，孝敬父母、尊敬长辈，理解父母、感恩父母，不断强化对家庭的责任感、归属感。"家是最小国，国是千万家"，要培育当代大学生家国情怀，就要让大学生心怀感恩之心、责任之心，并关心、爱护好每个"小家"，担当起对家庭的责任，尊敬长辈、感恩父母、与人为善，为中华民族大家庭和谐幸福的生活注入青春力量。

### （二）强化当代大学生对国家的热爱与担当

在全面建设现代化国家，实现中华民族伟大复兴的关键时期，当代大学生应敢为人先，勇于担负起时代使命与历史重任。因此，当代大学生家国情怀教育需要教育工作者站在时代发展的新起点，尊重当代大学生的心理接受规律和成长发展规律，培育其爱家、爱国、爱社会主义的优秀品质，不断教育引领当代大学生热爱祖国、勇于担当、敢为人先、心怀天下。担当精神

是当代大学生成长成才路上最好的"营养剂"。培育当代大学生家国情怀要以强化当代大学生的担当精神为重点内容，引导当代大学生自觉担当起时代重任，与祖国、与人民、与世界同呼吸、共命运、心连心，自觉参与到实现中华民族伟大复兴中国梦的奋斗中去，主动投身于推动人类命运共同体的构建中去。要引领当代大学生将家国情怀内化于心、外化于行，牢筑爱国担当精神，坚定强国理想信念，树立爱国奉献意识，在祖国最需要的地方努力奋斗，在实践过程中增长才干，在担当行动中践履爱国情怀，为实现中华民族伟大复兴汇聚磅礴伟力。

### （三）加深当代大学生对家国的认知与理解

家国情怀是一个人对家庭和国家的深情热爱，是对国家富强、社会和谐、人民幸福的理想追求。它是一种高尚的情操，是一种对国家和家庭的高度认同感和归属感的体现，是一种根深蒂固的文化心理密码，是一种使国家和民族在苦难中屹立不倒的精神凝聚力。改革开放以来，亿万中国人民艰苦奋斗、锐意进取，他们把自己生命价值的实现与国家和民族的前途命运紧密联系在一起，义无反顾地投身于祖国的伟大建设。家国情怀无可厚非是加深当代大学生对家国的认知与理解的精神土壤。当代大学生家国情怀培育的主要内容就是加深当代大学生对家国的认知与理解，教育引导当代大学生在家尽孝、为国尽忠、经邦济世、建功立业。家国情怀作为中华优秀传统文化、革命文化、先进文化深层性的文化基因密码，是个人对家庭和国家共同体的认同与热爱，是爱国主义精神产生的情感基石，在中华文明数千年演进历程中有着深厚的滋生土壤和历史渊源，是加深当代大学生对家国的认知与理解的重要育人资源。当代大学生家国情怀培育的主要内容就是加深当代大学生对家国的感知与理解，积极对当代大学生进行日常化、生活化的家国情怀教育，培塑当代大学生对家国的理性认知，铸造当代大学生牢不可破的爱国意志和爱国情怀，引导当代大学生由"小我"上升到"大我"，由"小家"上升到"大家"，使当代大学生牢铸中华民族命运共同体意识、强化心中的爱国爱家情怀、自觉践履爱国、报国、强国行为。

## 六、当代大学生家国情怀培育的实现路径

培育当代大学生家国情怀需要个人、家庭、学校、社会、国家共同参与其中，齐心协力描绘出牢筑家国情怀的同心圆，要在知、情、意、行的教育角度上下功夫，形成家国情怀教育合力，协同育人、同频共振。只有明晰了

"是什么、为什么、怎么样"的问题，当代大学生才能将家国情怀教育内化于心、外化于行，家国情怀教育才能取得更加扎实、更加丰硕的成果。

### （一）根本动力：激发内生力量以唤醒家国情怀

家国情怀教育除了需要外部力量的驱动，更重要的动力来源是大学生本人。当代大学生要将家国情怀思想深埋于心中，应该主动体验、感知、理解其魅力所在，通过学习优秀文化书籍，重温英雄伟人的家国故事，感悟家国情怀与时代精神，进而获得思想的引领、人生的启迪、境界的升华、精神气质的熏陶、家国素养的提升，在润物无声中建构家国情怀理论认知，焕发心中深沉的家国情怀。

#### 1. 以优秀文化润泽心灵，激发爱国爱家行动内驱力

中华优秀传统文化中蕴含优质的家国情怀教育资源，贾谊的"国而忘家，公而忘私"，曹植的"捐躯赴国难，视死忽如归"，屈原的"长太息以掩涕兮，哀民生之多艰"……无不体现出古代仁人志士以国家、以人民为核心的价值取向，他们把个人理想融入国家发展的共同理想之中，形成了家国一体、家国同构的社会理想追求，为当代大学生家国情怀培育留下了富饶的家国情怀教育资源。培育当代大学生家国情怀需要以中华优秀传统文化中的家国意识、共同体意识、仁爱精神等优秀文化润泽他们的心灵。

（1）当代大学生要端正态度，树立终身学习的理念。要深入地学、刻苦地学、持久地学，带着问题和疑感学，联系生活实际学，深刻理解古圣先贤、革命烈士、仁人志士的嘉言懿行，深入学习中华优秀传统文化中蕴含的讲仁爱、重民本、守诚信、崇正义、尚和合、求大同等家国思想，从而更好地把家国情怀思想转化为一种生活习惯，激发内心深处最本真、最淳朴的爱国爱家行为。当代大学生在平常学习和实践中应该积极、主动涉猎家国情怀的优秀书籍，通过研读国史和党史，感悟家国情怀的精神内核，让家国情怀思想深深地熔铸于心中，养成持久而稳定的爱国行为习惯。

（2）大学生要培塑家国情怀精神信仰，激发爱国爱家行动内驱力。对于时事热点、国际动态等社会事件要有正确的判断，实事求是、理性思考，坚定内心的家国情怀，要对国家和人民充满信心，要始终保持向上向善的精神风貌，不断完善自己，不断超越自己，躬耕社会实践，锤炼品格、提升本领，砥砺家国情怀、践履爱国行为，为民族振兴铺路架桥，为祖国现代化建设添砖加瓦，与祖国和人民携手共进，建构中国美好蓝图。

### 2. 树立理性的家国观念, 担当爱国爱民的责任使命

培育当代大学生家国情怀要激发其内生动力, 当代大学生只有树立了健康的家国观念, 才能以理性、积极的心态去践行家国情怀, 并担当起爱国爱民的责任和使命。

一方面, 当代大学生要摈弃空谈, 塑造健康理性、积极向上、共建共享的家国观念、家国心态和家国行为。要主动探索家国情怀的相关知识, 不断从中华优秀传统文化、革命文化和社会主义先进文化中汲取养料, 激发深度学习的内生力。要通过主动学习家国情怀、了解家国情怀, 树立理性的家国观念, 坚定家国情怀信念, 自觉做到把"小我"融入祖国的"大我"中, 将自己的"小"理想同祖国的"大"梦想紧紧联结在一起, 为人民建功立业, 在人民最需要的地方绽放青春色彩, 担当爱国爱民的责任使命。

另一方面, 当代大学生要知行合一, 不断强化自身的"硬件""软件"设备。要不断增强判断选择能力、改革创新能力, 紧跟时代发展步伐, 把握时代发展脉搏, 适应社会发展变化的需要。在实践生活中下一番苦功夫, 练就一身真本领, 锤炼过硬的爱国品格; 在学习生活中扎实提升兴国报国的能力, 促进知行合一, 做好中国故事、中国形象的新时代传播者和弘扬者, 扎根基层, 振兴中华, 以实际行动践行社会责任和担当。

### 3. 以榜样精神砥砺前行, 坚定爱国报国的理想信念

榜样的力量是看得见的正能量, 在革命、建设、改革各个历史时期中涌现出的英雄烈士和模范人物是当代大学生树立理性、正确的家国情怀和国家认同的学习榜样。他们身上所展现出的造福人民的公仆情怀、无私奉献的初心情怀、心怀大我的赤子情怀、胸怀世界的天下情怀等都是当代大学生坚定爱国报国的理想信念的学习模范。

一方面, 当代大学生要在学习和生活中主动树立家国情怀的处世态度。作为网络时代的"原住民", 当代大学生应该把网上冲浪的时间更多地用在学习模范先烈的优秀品格上, 以革命烈士身上的真诚、朴实的家国情怀熏陶心灵、塑造情怀, 自觉形成相亲相爱、向善向上、开拓进取的家国态度, 在砥砺奋斗中释放爱国热情, 在无私奉献中追求人生理想, 在开拓创新中守护家国, 践行社会主义事业建设者和接班人的使命担当。

另一方面, 当代大学生要以榜样精神激励自己前行, 争做爱国爱家的新时代践行者。家国情怀的培育需要经历从感知家国情怀到知行合一践履爱国

行为的融合过程，是从感性认知升华为理性实践后的爱国爱家的自觉行动。当代大学生是家国情怀培育的重点对象，要以英雄为学习榜样，做到崇尚英雄、尊重英雄、学习英雄，树立爱国报国的人生目标。在大是大非面前有正确的选择和判断，朝着国家指引的方向，立起家国情怀的桅杆，团结中华民族大家庭，让怀揣心中的家国情怀迸发出振兴中华的火花。

### （二）基础保障：重视家庭教育以涵养家国情怀

家庭是社会的基本细胞，涵养当代大学生深沉的家国情怀。当代大学生践行家国情怀需要发挥家庭的基础保障作用，应让和谐的家庭关系、长辈的言传身教、良好的家风家训家规成为当代大学生成才和发展之路上的指路明灯。

#### 1. 重视强化家庭社会功能，培养当代大学生家国意识

家庭是塑造人的世界观、人生观、价值观的第一所"学校"，是人们情感经营、情绪管理、情怀塑造的第一座"工厂"。家庭是大学生人生旅程的起点，也是家国情怀的根脉所在。父母是子女的第一任老师，在他们的一生中扮演着不可替代的重要角色，是大学生人生目标的引路人，因此，培育当代大学生家国情怀要重视和强化家庭社会功能。

（1）要充分发挥家庭的情感交往功能。培育当代大学生对家国情怀的认知意识、对家国情怀的情感认同、对家国情怀的理想信念以及塑造当代大学生家国情怀的行动自觉都离不开家庭，所以要在家庭教育中将家国情怀化细、化小、化实，在当代大学生的价值选择和人生理想追求中厚植家国情怀。

（2）要积极挖掘家庭社会化功能。家庭、亲情在国家建设方面具有重要作用。家庭中的父母和长辈要为当代大学生做好榜样，发挥示范引领作用，要在当代大学生日常生活中潜移默化地传递向善向上、敬老效忠、感恩思进、爱国爱家的家国意识。要鼓励当代大学生走出温室、走出家庭、走向社会，为祖国、为社会、为人民贡献自己的智慧和力量，支持当代大学生到祖国和人民最需要的地方绽放人生绚丽之花。

#### 2. 提倡爱家与爱国相统一，弘扬新时代家教家风

家教家风是一个家庭或家族最为重要的、最不可替代的精神财产，是一个家庭或家族的灵魂所在，它弥漫于整个家庭或家族成员的心灵深处，影响

着每一个家庭或家族成员的家国观念、价值追求和人生目标，支撑着整个家庭或家族的进步与发展。优良的家教家风蕴含的美德能够规范和培塑当代大学生的家国情怀，当代大学生家国情怀培育离不开良好的家教家风。家庭和睦则社会和谐安定，家庭幸福则国家繁荣富强，良好家教家风的形成与传承对培育当代大学生家国情怀起着极为重要的作用。

一方面，家中的父母和长辈要从中华优秀传统文化中汲取养料，发挥传统节日的思想熏陶和文化教育功能，在春节、清明节、端午节、中秋节、重阳节等传统节日教育和引导子女遵守中华民族优秀传统美德，树立正确的、理性的家国情怀和爱国爱家的行动自觉、责任担当。鼓励当代大学生为祖国的建设和发展添砖加瓦。

另一方面，家中的父母、长辈要树立威信，结合家庭的实际情况立下良好的家风家规家训，提倡爱家与爱国相统一。家风作为约束和规范家庭成员的风尚和作风，体现了一个家庭的精神内核，是整个社会价值的缩影。培育当代大学生家国情怀要提倡爱家与爱国相统一，积极弘扬和培育新时代家教家风。要从细节小事抓起，循序渐进地在日常学习、生活中对当代大学生进行教育，培养其爱国爱家、相亲相爱、共建共享的家国意识和爱国情怀，并使其将家国意识和爱国情怀内化于心、外化于行，践履爱国爱家行为。

### 3. 注重家庭教育方式方法，涵养大学生爱国品德

家庭是一个人安身立命和精神成长的第一场所，也是对个人价值观形成极为重要的地方。家长要以引导者、促进者、支持者的身份，促使当代大学生在日常生活中进行自我构建、自主学习、自主思考，使当代大学生主动地提高精神境界。涵养家国情怀、培植爱国品德需要广大家庭注重教育的方式方法。

### （三）主要渠道：优化教育环境以提升家国情怀

当代大学生家国情怀培育要取得更好的效果离不开学校这个主阵地、主渠道，高校领导和教育工作者要注重优化高校教育环境，使家国情怀教育生活化、日常化，通过整合家国情怀教育力量，在当代大学生心灵之中埋下家国情怀的种子，推动家国情怀在大学生心中生根、发芽、开花、结果。

### 1. 加强学校舆论引导，引领大学生自觉践履家国情怀

家国情怀要在当代大学生的心灵深处落地生根，需要外部环境的熏陶和

塑造，更需要当代大学生在日常学习、生活中自觉践履家国情怀。家国情怀是个体对家国的情感眷恋和责任意识，以及对家国一体、家国同构思想的深刻感悟和积极践行，积淀着中华民族最深沉的追求，彰显了中华民族的精神品格，具有民族性、时代性、世界性等特点。因此，培育当代大学生家国情怀需要抓住当代大学生的心理动态和精神需求，加强对当代大学生的家国情怀舆论引导。

一方面，要充分发挥学校广播、报纸、杂志、电视等旧传播媒介和微视频、微电影、微音乐、慕课等新传播媒介相结合的舆论引导方法。将家国情怀思想润物无声地融入当代大学生的生活中，对当代大学生的家国情怀认知进行理性、正确的引导，以国家政策引导、家国意识引导、网络舆论引导等形式引领大学生牢铸爱国奉献精神，使其以为人民谋幸福、为民族谋复兴、为世界谋大同为人生理想追求，践履家国情怀。

另一方面，要加强家国情怀舆论监督体系建设。加强当代对大学生的舆论引导，引领当代大学生树立家国情怀，需要学校相关部门对网络舆论、社会热点、国际政治事件等进行一定的监督，营造向上向善、共建共享的舆论环境，让当代大学生能够在风清气正的学习环境中塑造家国情怀，坚定兴国报国的理想信念，淬炼思想、提升本领、扎实学识、锤炼技能，为祖国的繁荣富强、人民的幸福生活矢志奋斗，无愧于时代，无愧于人民。

### 2. 借力研学实践活动，打造家国情怀教育的精品课程

在当代社会背景下，培育当代大学生家国情怀需要高校教育工作者拓展实践教学环节、借力研学实践活动，紧密结合当代大学生心理接受规律和成才发展规律，打造家国情怀教育的精品课程，增强家国情怀教育的实效性。

一方面，要为当代大学生提供研学实践活动的机会和平台。马克思认为人的本质是实践。当代大学生除了要在课堂上接受家国情怀理论知识教育，还需要重视生活"课堂"，只有通过社会实践，大学生才能更好地探索并将理论知识转化成家国情怀素养和日常行为习惯。因此，高校要借助研学实践活动，引领当代大学生走出教材、走出课堂、走出校园，带领当代大学生走进社会、走进企业、走进农村，教育当代大学生将所学的专业本领应用到社会实际中，引导大学生在付出智慧、劳动的过程中增强自信心和自豪感，从而使内心深处的家国情怀得到激发。

另一方面，要打造家国情怀教育的精品课程。高校教师只有围绕学生、心系学生，努力打造学生喜闻乐见的家国情怀教育"金课"，以精品课程吸

引当代大学生的注意力，才能更高效地培育当代大学生的家国情怀，激发当代大学生的爱国积极性和主动性，培育当代大学生的担当意识、责任意识。因此，高校教师和相关专业教师要对课堂教学内容进行创新，打造精品课程，不仅要让大学生在课堂学习中知道"是什么"，还要在实践行动中知道"怎么做"。

**（四）外部驱动：调动各方力量以厚植家国情怀**

培育当代大学生成为有理想信念、有本领才干、有担当精神的时代新人需要调动各方力量，不断推动家国情怀培育，要充分发挥社会的依托作用，创新网络育人模式，形成多维度、多领域、生活化、立体化的教育格局，拓宽当代大学生的国际视野，提升当代大学生的国际素养，从而强化当代大学生的家国意识，激发当代大学生的爱国热情。

1. 发挥社会依托作用，强化家国情怀育人作用

社会环境与当代大学生的日常生活息息相关，社会环境会影响新时代大学生的世界观、人生观、价值观，对新时代大学生产生渗透式、全方位的作用，在潜移默化中对新时代大学生的思想意识和行为举止造成影响。培育当代大学生家国情怀需要营造良好的社会环境，发挥社会依托作用，强化家国情怀育人作用。

一方面，社区居委会、村委会、妇联组织等要担当起宣传家国情怀思想的责任，使家国情怀教育思想深入每一个家庭、走进每一个人内心。要发动当代大学生的力量，设计通俗易懂的"家国情怀"社区宣传标语、宣传单、宣传海报，让家国情怀思想随时随地散发正能量，润物无声地熏陶和塑造大学生的心灵，教育、引导大学生学有所成后投身家乡和祖国的建设之中。

另一方面，社会要尽可能地为当代大学生提供可以展现才能的平台。国企、社企、民企的领导者和决策者要有赏识人才的独到眼光，善于挖掘人才，为他们提供施展才华与技能的舞台，让他们能够在自己的专业领域发挥所长，增加当代大学生的获得感、满足感、安全感，焕发当代大学生内心的家国情怀，使他们在实际工作中善于无私奉献、敢于创新创造，在自己的岗位发光发热，为国家繁荣富强、人民美好生活矢志奋斗。

2. 创新网络育人模式，共享家国情怀教育资源

一方面，设立专业化的家国情怀文化宣传窗口，及时有效地补充、更新

中华优秀传统家国理念、红色革命文化、先进文化等富含家国情怀优质资源的教育素材、案例故事，简化搜索方式，让当代大学生可以随时随地获取想要的家国情怀相关知识。以学生自主学习和教师教学相结合的形式拓宽当代大学生的视野，丰富当代大学生的家国情怀理论知识。

另一方面，加强家国情怀网络阵地建设，占领当代大学生常用的网站和微信、微博、QQ、抖音等当代大学生使用最多的新媒介，运用大数据、虚拟 AR 技术，再现工农红军无私奉献、一心一意搞革命的艰辛历程，让当代大学生身临其境，"亲眼"目睹英雄先烈为中国解放统一抛头颅、洒热血的"真实"场景，从而加倍感知革命前辈舍生忘死、牺牲自我的家国情怀。通过丰富的教学方式方法，使书本中的故事、案例立体化、生动化、形象化，使家国情怀教育融入其中，带领当代大学生在自我学习、自我教育、自我管理中践行爱国报国行为。

### 3. 完善教育联动机制，砥砺心怀大我的家国情怀

要想家国情怀教育进一步取得成效，就需要不断总结经验，反思不足，多措并举，完善家国情怀教育联动机制。

一方面，需要建立集个人、家庭、学校、社会、国家于一体的家国情怀教育联动机制，完善家国情怀教育的人才队伍建设机制、动力机制、养成机制、激励机制、反馈机制，协同发力，将家国情怀教育落细、落小、落实，让家国意识渗透于当代大学生日常学习、生活、实践的方方面面，以镶入式、融入式等隐性教育手段创设家国情怀教育情境，让当代大学生经风雨、见世面，提升其创新创造的能力、价值选择的能力、明辨是非的能力。教育工作者要广泛汲取国外优秀的爱国教育资源，浸润当代大学生的心灵，熏陶、感染、教化其思想品德，厚植其家国情怀，引领当代大学生在社会生活实践中求真、求善、求美。

另一方面，国家相关部门要做好外网的监管和制度保障工作。家国情怀教育工作者和高校教师要紧扣当代大学生思想脉搏，紧贴时代发展要求，加强家国情怀制度建设，完善外网舆论监管制度体系和工作体系，为全面建成社会主义现代化强国和推动构建人类命运共同体汇聚创新型人才，引导当代大学生"立鸿鹄之志"，培育一批经得住考验、敢于创新创造、具备宽广国际视野的爱国实干家，培育一批心怀家国、心怀世界的新时代奋进者和开拓者。在构建不断完善的外网监管和家国情怀制度保障工作的过程中，引导当代大学生参与全球治理，展现中国青年应有的责任担当和人类关怀，为推动

构建人类命运共同体贡献智慧和力量，在实践中提升参与感、满足感、安全感、自豪感，砥砺心怀大我的家国情怀。

# 第三节　当代大学生志愿精神的培育

## 一、志愿精神的内涵与特征

志愿精神是人类社会中普遍存在的一种美好的精神追求，贯穿于人类历史与文化中，但由于受历史和地域文化的影响，志愿服务在不同社会中呈现的形态不同，不同国家、不同组织的人们对志愿精神的认识也不尽相同。因此，有必要对志愿精神的概念进行界定和说明。联合国前秘书长科菲·安南认为"志愿精神的核心是服务和团结的理想，是共同使这个世界变得更加美好的信念"。[①] 北京志愿服务发展研究会认为志愿精神是"自愿的、不为报酬而参与推动人类发展、促进社会进步和完善社区工作的精神，是公民社会组织的精髓"[②]。丁元竹、江汛清、谭建光认为志愿精神是"一种看不见的和谐""一种软实力""一种社会责任""一种生活品质"。[③] 陶倩认为"志愿精神的概念，是指个人或群体基于对和谐社会、美好生活的追求和向往，主动奉献社会、友爱他人、互帮互促的自觉意识和精神理念"。[④]

通过比较可以发现，虽然不同组织、不同专家学者对"志愿精神"进行界定的具体表述有所不同，但可以从中提炼出几个关于志愿精神的重要信息：第一，志愿精神是越来越多的社会成员在参与志愿服务的过程中形成的一种共识，它以人为主体，体现了人文精神；第二，志愿精神是一种德行形式，体现了个人的道德境界与社会整体的生命价值，是德行、实践与价值诉求的统一，体现了志愿者的伦理精神；第三，志愿精神是一种精神存在，对于促进人类发展和社会进步具有重要作用，体现了一定的公共实践能量；第四，志愿精神内涵丰富，"奉献、友爱、互助、进步"为其主要内容。在相

---

① 北京志愿者协会.走近志愿服务[M].北京：中国国际广播出版社，2006：2.

② 北京志愿服务发展研究会.中国志愿服务大辞典[M].北京：中国大百科全书出版社，2014：12.

③ 丁元竹，江汛清，谭建光.中国志愿服务研究[M].北京：北京大学出版社，2007：1-11.

④ 陶倩.当代中国志愿精神的培养研究[M].上海：上海人民出版社，2013：28.

当程度上，以上这些信息能够帮助我们把握志愿精神的基本内核。本书对"志愿精神"的界定如下：志愿精神是指志愿者秉着一颗无私、良善之心，在自觉自愿的前提下，尽己所能参与社会公益服务且不收取物质报酬，旨在促进人类发展和社会进步的一种社会理念，体现了志愿者积极的人生态度和崇高的道德境界。

### （一）志愿精神的内涵

我国学界的学者普遍认为"奉献、友爱、互助、进步"是志愿精神的内涵，体现了我们中华民族的传统美德，也体现了对我们现代社会公民的道德要求。

#### 1. 奉献

在古代汉语中，"奉"即"捧"，意思是"给、献给"；"献"的原意是"献祭"，即"将实物或意见等恭敬庄严地送给集体或尊敬的人"。因此，"奉献"就是"恭敬地交付；呈献"。志愿者在志愿服务过程中奉献自己的时间、精力、知识、技能，扶危济困，不仅实现了自身价值，还获得了他人的尊重与赞誉，促进了人类的发展和社会的进步。奉献精神是人们对自己所参与的事业、对他人和社会全身心地付出而不求回报的爱，体现了责任意识和集体意识，也体现了全心全意为人民服务的社会主义道德。奉献是一种无私的爱，正是因为奉献精神，我们社会的物质财富和精神财富才会不断增加，我们人类也才会不断进步。

#### 2. 友爱

"友爱"的原意是"友好亲爱"。"友爱"精神是一种没有国家、民族、种族之分，也没有职业、贫富、文化之别的平等之爱。友爱是一种重要的情感，源于人类的基本心理需求，是完善人格和身心健康的必备条件。友爱的基础是爱心、同情和互助，个体间建立互助友爱的关系，能够完善个体德行。在传统社会，由于人际交往范围狭隘，友爱仅限于朋友之间，是情感联系的主要形式，主要体现为一种私德。但随着人际交往范围的扩大，友爱已超越个体之间的局限，逐渐转化为公共生活领域的一种普遍道德规范，上升为一种友爱精神。在志愿服务过程中，友爱精神是志愿者平等尊重他人的重要依据，志愿者应当始终保持平等的、谦虚友好的服务态度，而不应当是一副高高在上的施舍之态，要通过志愿服务提供帮助、传递温暖，促进社会的和谐发展。

### 3. 互助

"互助"是指"彼此帮助，共同合作"，志愿服务中蕴含深刻的"互助"精神，主张人们之间应当互相帮助、助人自助。人的本质是一切社会关系的总和，离不开现实社会中各种各样的关系，人与人在交往过程中只有相互帮助、协同合作，才能抵御危险、化解困境。在志愿服务过程中，志愿者向受助者提供各种服务，帮助受助者渡过难关，自立自强。互助精神能够唤醒人们内心的慈善与仁爱，使人们持之以恒地倾心奉献。受助者在获得帮助后，也会心怀感激，回报社会，积极主动地参与志愿服务，帮助他人，让更多人获得发展的能力，为社会贡献力量，促进社会的发展与进步。因此，互助精神不仅是志愿精神的重要内容，还是我们伟大的中华民族生生不息、发展壮大的精神动力。

### 4. 进步

"进步"的原意是"人或事物向上或向前发展，引申为适合时代要求，对社会发展起促进作用的"。志愿者参与志愿服务，不仅能帮助受助者脱离困境，而且能锻炼自己的能力，提高自己的精神境界。志愿服务的方方面面都体现了进步精神，它使人们心甘情愿地奉献自己，促进社会的和谐发展。志愿精神所蕴含的奉献、友爱、互助精神正是人类社会进步的体现。志愿服务组织通过志愿服务活动帮助他人解决实际困难，缓解了社会矛盾，帮助政府解决了部分社会问题，减轻了政府工作压力，促进了人与人、人与自然、人与社会之间的和谐共处，也促进了社会的全面、协调、可持续发展。志愿者在志愿服务过程中践行社会主义核心价值观，积极宣传志愿理念，弘扬志愿精神，不断推动社会文明的发展与进步。

## （二）志愿精神的特征

志愿精神是一种高尚的精神品质，是人类长期的精神追求，既承载了中华民族乐于助人、扶危济困的优秀传统美德，又具有西方公益思想；不仅具有深刻的内涵，而且具有鲜明的特征。

### 1. 道德行

志愿精神是一种德行精神，蕴含着丰富的道德。志愿精神的内涵表现为"奉献、友爱、互助、进步",从根本上来说,这些也都属于社会基本道德规范的内容,是社会对于个体及群体的道德要求。无论在西方,还是在中国,德行传统都始终影响着人类内心志愿精神的萌芽、发展和传承,是导引人类精神与物质生产活动的重要精神力量。志愿服务活动的实施主体是人,是人们基于一定的生命关怀、秉着人道主义信仰进行的,依靠的是人的道德自觉。道德主体需要具备自主与自足的道德自觉,并且要在道德自觉的基础上有一定的道德能力,才能真正践行道德。在志愿服务活动中,践行志愿精神的志愿者需要有崇高的道德境界,能够自觉承担社会使命,为社会作贡献。并不是所有人都具备道德自觉,只有高度自主的生命个体才拥有。

志愿精神是通过志愿者充分发挥主观能动性来发扬的,体现了志愿者的个人意愿。志愿精神只有在个体内自觉生发并由主体自愿践行,才符合人道和人性,才能达到触动内在的德行要求,才具有很强的德行。

### 2. 价值性

志愿精神是一种利他主义精神,充盈着价值关怀,具有人文价值。志愿者通过援助、慈善、惠生等方式帮助他人走出困境,使他人得到社会的关怀与温暖,重新开始热爱生活,促进他人更好地生存,这是志愿精神对待他人生命的价值意识,体现了志愿精神的生命价值。志愿者秉着人道主义信仰和对社会的责任感,无私地服务社会,通过各种活动解决社会矛盾、协调社会关系、增进社会团结,从而促进社会的和谐发展,说明志愿精神具有人道价值。志愿者自愿从事非营利的社会公益活动是志愿精神道德性的集中体现,志愿者的志愿行为是在无功利性的志愿精神的支配下进行的,在帮助他人、服务社会的同时,也实现了个人价值,升华了个人道德,弘扬了社会道德,提高了社会的精神文明水平,说明志愿精神具有道德价值。生命价值、人道价值和道德价值都是人文价值,因此,志愿精神具有很强的人文价值。

### 3. 实践性

志愿精神具有极强的实践性,是在志愿服务实践活动中产生并积淀下来的。志愿精神既来源于实践,又需要通过志愿精神来体现,最终又回归于实践。志愿精神不是坐而论道,而是实际行动的体现,是在丰富、生动的志愿服务实践活动中产生的一种感人肺腑的精神力量。志愿服务活动作为关怀生命的一种实践活动,需要广泛的实践才能维持并发展至今。依托生命实践的志愿服务活动既具有物质性，又具有精神性；既是一种物质性活动，又是一种精神性生产。志愿精神便是从志愿服务活动实践中生成的，可见，志愿精神源于实践。秉持志愿精神的人尊重生命、自觉追求和维护生命价值、奉献自身、帮扶他人，促进社会发展与进步，这在人道主义和公共服务实践中体现得淋漓尽致。"互助友爱"的生命伦理意识是志愿精神的核心，在很大程度上，志愿精神需要通过"互助友爱"的关系来体现，而这种互助型的关系本身就是一种物质性实践关系。志愿精神具有公益性、道德性、价值性，集中了人类社会的道德准则，为人们在世界上的道德实践提供了方向，促使人们在联系日益紧密的世界中互帮互助、相互扶持，并使人们在与世界的互动中不断发现、认同、践行这种德行关怀，投身于志愿服务事业，无私地奉献自己，使志愿精神的道德真谛以实践的形式表现出来，又通过实践来进一步弘扬与发展。

### 4. 发展性

任何事物都是在不断变化发展的，志愿精神也是如此，它自始至终都在动态地向上发展。志愿精神的发展是一种状态的延续，每一阶段的状态都是对前一阶段状态的延伸，又预示着后一阶段状态的方向，前一阶段的积累为后一阶段的发展提供了前提条件。志愿精神所具有的道德性、价值性和实践性都在随着社会的发展而不断发展，使得志愿精神呈现出动态的发展性。一方面，志愿精神作为一个开放性的体系，它无限制地向上延伸。人作为生命个体的存在是一个无限向上的开放体系，志愿精神亦是如此，它作为一种社会存在，也不是封闭的。它是作为生命个体的人对超越自我、完善自我、改造世界、提升个人价值的追求，必然要不断吸纳时代精神，与时俱进，才能不断发展、完善自身。今天的志愿精神无论是在形式方面还是在内容方面，都比以往的志愿精神更具有时代气息。另一方面，志愿精神的发展空间很大，有着美好的前景。在现实社会中，志愿精神在促进社会发展和人类文明进步方面展现出浓厚的时代价值，与时俱进，随着时代的发展而不断发展、进步。此外，由于志愿精神主张博爱、平等，对志愿者没有国界、种族、民族、职业的要求，只要本着慈善之心和为他人和社会服务的心态就可以参与志愿服务，所以吸纳了各个阶层的广大群众，广大群众又推动了志愿精神的深化发展。由此可见，志愿精神是不断发展的，虽然志愿精神随着人类道德与社会的发展而不断地融入新的元素，但其特质始终未变。

## 二、志愿精神的功能与形成过程

### （一）志愿精神的功能

志愿精神是人类美好的精神追求，能够指引人的行动方向，推动社会不断向前发展，是思想教育的重要内容，具有多种思想教育功能，具体来说，包括导向、凝聚、激励、调节、人文教育功能。

#### 1. 导向功能

任何一个社会的发展与进步都离不开崇高精神的引导。志愿精神作为一种积极向上的崇高精神，对于人类行为规范的调控、精神面貌的塑造以及整个社会的和谐发展、文明进步都具有深远影响。志愿精神具有正确的价值取向，能够规范志愿者的行为，潜移默化地熏陶着志愿者，使其坚定意志信念，提高爱国主义、集体主义意识，从而在全社会范围内形成无私奉献、团结友爱、互帮互助、共同进步的良好风尚。在志愿精神的引导下，会有越来越多的人加入志愿服务组织，积极参与丰富多彩的志愿服务活动，用实际行动诠释志愿精神的深刻内涵，散发着耀眼的光辉。例如，大学毕业生为了实现国家富强、民族振兴、人民幸福，实现中华民族的伟大复兴，在党和国家的号召下，踊跃支援西部、下到基层，在祖国最需要发展的地方挥洒汗水，奉献青春，体现了他们强烈的爱国主义情感；又如，志愿者群体在参加社区服务、扶贫济困、帮老助老、环境保护等志愿服务的过程中，深入感知社情民意，理性审视社会发展的困境，对我国国情有了更为深入的了解，使命感得到激发，能够主动寻求国家发展的有效路径，从而促进人类社会的共同进步；再如，志愿者群体积极参加北京奥运会、上海世博会等大型活动，以文明、热情、专业的服务赢得了各方面的高度赞誉，展现了良好的国家形象，与此同时，他们在服务过程中也提升了自身的使命感、责任感，激发了自身的民族自信心和自豪感。可见，志愿精神具有极强的导向功能。

#### 2. 凝聚功能

志愿精神的凝聚功能是指志愿精神在志愿者参与志愿服务的过程中发挥出的凝心聚力、统一行动、激发志愿者的公益情感、培养志愿者的集体观念的作用。志愿精神是我国精神文明建设的重要内容，具有强大的吸引力和向心力，一旦被人们认可，就会形成一种精神合力，使人们团结起来，凝结成一股强大的精神动力，心甘情愿地服务大众、服务社会。志愿精神作为一种意识形态，具有能动作用，它的形成具有深刻的理论根源，与美德和文化息息相关，容易得到人们的理解和认同，志愿精神能够把人们凝聚起来，为了解决社会问题、促进社会进步而团结协作、无私奉献。构建和谐社会、实现中华民族伟大复兴是整个国家、整个社会都需要参加的事业，是我们每个人的共同责任。只有将社会上各个部门、各个群体都调动起来，才能更好地发挥全社会的积极性，更快更好地建成和谐社会。志愿精神是的核心理念，能够使社会上各自分散的小团体凝聚起来，组成一个"大家庭"，这体现了志愿精神的向心力和凝聚力。正是这种向心力和凝聚力将每个社会系统凝聚在一起，发挥合力，共创佳绩。志愿精神的凝聚功能对于社会主义核心价值体系具有至关重要的作用，能够为其提供最有利的建设环境，使之成为全体社会成员的共识和行为准则。

### 3. 激励功能

激励功能是思想教育的一项重要功能，能够将人们的积极性和创造性充分调动起来，使之心甘情愿地为社会主义现代化建设事业而努力奋斗。志愿精神是一种进步的思想观念，具有很好的激励功能，能够广泛地发动群众，激发他们关心并参与社会公共事务的积极性，为构建和谐社会提供强大的精神动力。志愿精神既体现了群体精神，又是个体精神的升华。但由于人们的生存环境不同，思想觉悟各异，即便都具有志愿精神，精神境界也高低有别，这就需要发挥志愿精神的激励功能。榜样激励是一种重要的志愿精神激励方法。榜样的力量是无穷的，在全社会树立志愿者楷模能够调动人民群众的积极性，使其主动参与社会公共事业。宣传志愿者的先进事迹能够增强志愿精神的感染力，给人以心灵的触动，使志愿精神深入人心，促使志愿者将志愿精神内化于心、外化于行，自觉自愿地加入志愿服务的行列，在社会中形成良好的精神风尚。在志愿精神的感召下，越来越多的个人和社会团体积极投身到了志愿服务事业中，这就是志愿精神的激励功能所发挥的作用。

### 4 调节功能

志愿精神作为一种充满人性关怀的精神理念，也同样具有良好的调节功能。首先，志愿精神能够调节人们的情绪。在现实生活中，随着社会的发展，社会一些民众生活压力增大，经常会遇到各种各样的困难，情绪会发生很大变化，甚至产生焦虑、不满、怨恨、愤怒等情绪。如果这些情绪无法得到缓解或消除，有可能会激化矛盾，危害社会。志愿精神倡导人们奉献自己的时间、精力、技术、财富等去关爱弱势群体，让他们感受到社会的关怀与温暖，帮助他们渡过难关，消解他们的不良情绪，使他们能够以平和的心态面对生活，重新燃起生活的信心。其次，志愿精神能够调节人们的心理。目前，在偏远山区还有很多留守儿童和空巢老人。留守儿童长期得不到父母的陪伴，容易产生自卑心理，甚至会有自闭倾向；空巢老人不到儿女的关心和照顾，容易产生抑郁心理。在志愿精神的"友爱、互助"精神的感召下，我国很多志愿组织和志愿者专门开展了关爱留守儿童和空巢老人的志愿服务活动，努力使他们在情感上得到关爱、温暖和抚慰，能够以开朗、乐观的心态面对生活。针对已经产生心理问题的人群，还有具有心理咨询资格的专业的志愿者会对他们进行心理辅导，帮助他们从阴霾中走出来，重展笑颜。最后，志愿精神能够调节人际关系。在现实生活中，越来越快的生活节奏使得人们精神比较紧张，情绪不稳定，可能会导致人际关系的不和谐。一些人局限在自己的生活世界中，为了追逐自己的利益而不择手段，这必然会引发社会矛盾。志愿精神倡导"奉献、友爱、互助、进步"，旨在呼吁人们奉献自己的爱心、伸出援助之手，互帮互助，共同成长进步。这样，人与人之间才能和睦相处，社会才能稳定，才能真正构建社会主义和谐社会。

### 5. 人文教育功能

志愿精神具有人文教育功能，能够帮助人们抵御错误观念和思潮的侵蚀，建立正确的价值观念，有利于人类的长远发展。此外，志愿精神能够使志愿者进行自我教育。虽然志愿者参与志愿服务的动机不同，有的是为了帮助他人，有的是为了开阔眼界，有的是为了锻炼自身能力，有的是为了实现个人价值，但他们在参与志愿服务的过程中，不仅实现了自己的初衷，还实现了志愿服务的社会效益，实现了志愿精神的教育价值，培养了自身的思想品德，提高了社会的道德水平，促进了人人追求社会良好道德的新风尚的形成。志愿精神蕴含着的高尚道德情操体现了积极进取的人生态度，具有很强的感染力。它不仅能够使学生实现自己的社会价值，还能够促进学生的全面发展，更为重要的是可以使学生进行自我教育以及学生之间的相互教育和影响。

综上所述，志愿精神所具有的导向、凝聚、激励、调节和人文教育功能对于社会主义核心价值体系的构建和社会道德的重建都具有重要作用。能够净化社会风气，帮助人们树立正确的核心价值观，使人与人之间建立起互帮互助、诚信友善的和谐关系，提高社会道德水平，促进社会文明进步。这些是志愿精神重要的社会价值。

### （二）志愿精神的形成过程

志愿精神不是短时间内就能够形成的，其形成过程是比较漫长的，需要经过长期的志愿服务行为的积累、志愿精神的外部客观因素对志愿服务行为主体的持续不断的影响、志愿服务行为主体自身的不懈努力，主体自身不断提升对志愿服务和志愿精神的认识能力，增强自身的志愿服务信念，坚定参与志愿服务的意志，并不断将这些内在动机外化为志愿服务行为，经过长期积累，养成一定的志愿服务行为习惯，使志愿服务的原则、规范在自己思想与行为中真正固定下来，这样才能真正形成志愿精神。概括来说，志愿精神的形成要经历一个由志愿服务认知到志愿服务行为、由志愿服务行为到志愿服务行为习惯、再由志愿服务行为习惯升华为志愿精神的发展过程。

#### 1. 从志愿服务认知到志愿服务行为

思想品德认知不能直接转化为思想品德行为，中间还必须经过思想品德情感、信念和意志这三个重要的思想品德心理要素。志愿精神作为一种高尚的思想品德，其形成过程同样如此。

人们要形成志愿精神，就要先对志愿服务和志愿精神的概念、内涵、原则、规范、特征等有一定的认知和理解，只有掌握了志愿服务与志愿精神的概念与相关知识，才能具有对志愿服务的一般性判断和选择志愿服务的能力。因此，对志愿服务的认识是个体形成志愿精神的第一步，也是整个志愿精神形成的基础。虽然人们对自己认识志愿服务、志愿精神的水平通常没有明确的认识，但不能否认的是，这种认识确实存在于他们的思想意识结构中，并且处于他们的深层意识结构中。人们在了解了志愿服务之后，也不一定都会去选择志愿服务行为，原因是在从志愿服务认知到志愿服务行为的过程中，人们内在的情感起着重要的作用。人们对志愿服务的认识使得人们在进行志愿服务实践或履行某种义务、承担某种责任时会产生喜爱或厌恶、敬仰或憎恨等不同的情绪体验，这些不同的情绪体验就是人们对志愿服务和志愿精神的情感。其中，那些积极的、健康的情感就是形成志愿精神的重要因素。如果人们对自己从事或接触的事物没有感情，那么就不可能做出相关的行为。同一事物，人们对其感情不同，那么他们对它的态度以及相关的行为也会不同。只有当人们能够对善恶、美丑、是非等产生爱憎分明的情感时，他们高尚的动机才能被激发，他们才会产生进行某种行为的主观愿望，然后经过正确的抉择做出符合道义的行为。换句话说，人们只有知道了什么是志愿服务、什么是志愿精神、什么是高尚、什么是责任、什么是良心，才有可能对崇高的志愿服务事业产生钦佩的情感，也才有可能实践志愿服务行为。当然，并不是所有了解志愿服务的人都会产生相应的情感。只有当人们对志愿服务的认识通过一定的教育培养形成了一定的志愿服务观念时，才能产生相应的情感。

在积极情感的激发下，人们便会对志愿服务的原则和规范产生信仰，产生参与志愿服务的信念。志愿服务的内在信念就是人们坚定地且有根据地笃信志愿服务的原则规范、志愿精神的终极目标的正确性和正义性，以及由此而产生的对他人和社会的强烈责任感。志愿精神信念的形成是志愿精神形成的关键，原因是志愿精神信念是志愿精神认知、情感和意志的有机统一，也是产生志愿服务行为的强大动力和精神支撑。

有了志愿服务信念作为支撑后，还需要具有顽强的志愿服务意志，才能将对志愿服务和志愿精神的认知转化为志愿服务行为。所谓志愿服务意志，就是人们在从事志愿服务实践的过程中，所体现出来的能够自觉克服重重困难与障碍的能力和顽强的毅力，也就是我们平时经常弘扬的坚强不屈的坚持精神。志愿服务意志对志愿精神的形成过程起调节作用。

人们在志愿服务认知、情感、信念和意志的支配、调节下，在从事志愿服务实践活动的过程中遵循志愿精神的原则和规范的实际行动就是志愿服务行为。这就是志愿精神形成的第二步。志愿服务行为既是一个人的志愿精神形成和发展过程中的重要步骤，也是一个人的志愿精神的反映和体现。一个人只有将志愿服务的观念和动机付诸志愿服务行为，才有可能达到一定的服务目的，使主观愿望符合客观行动。只有观察过一个人在志愿服务活动过程中的行为表现及态度，才能判断他的志愿精神水平如何。也就是说，志愿服务行为的结果便是评价他人及自己志愿精神的客观根据。

### 2. 从志愿服务行为到志愿服务行为习惯

所谓志愿服务行为习惯，指的就是人们在志愿服务实践活动中持续不断地重复志愿服务行为，使之逐渐在内心积淀，形成一种已经定型的自动化的行为方式。志愿服务行为习惯一经养成，就能够大大简化人们的志愿服务行为选择和志愿精神评价的活动过程，使人们在看到需要帮助的人时，能够不假思索地实践志愿服务行为，积极主动地帮助他人。若要使志愿服务行为成为志愿服务行为习惯，就需要行为主体具有坚定的志愿服务信念和顽强的志愿服务意志。

如果一个人只做出过一次志愿服务行为，还不能说他的志愿精神已经形成，只有当他多次自觉地参与志愿服务，使志愿服务成为自己的一种行为习惯，并将志愿服务行为习惯进一步巩固和强化，使其转化为心中稳定的、固定的精神品质，才称得上是具有了志愿精神。

志愿服务信念是对志愿服务的认知、对崇高的志愿服务事业的炽热的情感和顽强的志愿意志等的有机统一。志愿服务信念一经形成，便具有较为稳定和持久的特点。因此，在志愿精神的形成过程中，它占据了主导和核心的地位。坚持志愿服务信念的人往往热衷于追求志愿精神的理想境界，能够努力捍卫志愿服务的原则和规范，不惜一切代价帮助他人，为他人和社会服务。

有无坚忍果敢的志愿服务意志是评价一个人是否达到一定精神境界的标准，也是能否养成志愿服务行为习惯的重要条件。一个具有顽强志愿服务意志的人能够经常克服各种困难，坚持不懈地为实现自己崇高的志愿理想而奋斗。相反，如果一个人的志愿意志比较薄弱，虽然在一切顺利的情况下也能够完成志愿服务行为，但在遇到困难时就会产生畏难情绪，停滞不前，甚至彻底放弃。只有形成了坚定的志愿服务意志，才能够克服艰难险阻，完成志愿服务行为，养成长期参与志愿服务行为习惯。

一定的志愿服务行为习惯的养成表明志愿精神达到了比较完善的程度。因此，可以说，志愿服务行为习惯的养成是志愿精神形成的一个关键环节。如果没有一定的志愿服务行为习惯，那么志愿精神就无法有效形成。

### 3. 从志愿服务行为习惯升华为志愿精神

任何一个人的志愿精神的形成与发展都包含着志愿服务认知、情感、信念、意志和行为五个心理要素，任何一个单独的要素都无法形成完整的志愿精神。需要在志愿服务行为习惯的基础之上不断巩固志愿服务的认识、情感、信念和意志，使五者不断融合、凝结，才能最终升华为志愿精神。

志愿精神的形成需要经历一个长期积累的过程，不是一蹴而就的，而要经历一个"实践—认识—再实践—再认识"，不断深化、提高的过程。志愿精神既来源于志愿服务行为，又依靠志愿服务行为来体现。人们在志愿精神的指导下做出志愿服务行为，又会在新的志愿服务行为中，产生新的志愿精神，如此循环往复、螺旋式上升，使得志愿精神越来越高级，越来越完善。

志愿精神的形成过程是一个将外在志愿服务观念、原则、规范内化为内心信念的过程。在刚开始进行志愿服务行为时，人们一般只是表面上认同和接受志愿服务的原则、规范，并非内在真正对其需要和渴求；当志愿服务行为不断积累，并形成一种稳定的志愿服务行为习惯和心理特性时，支配志愿服务行为的观念、意识已逐步渗入人们的情感与意志活动，内化为人们的志愿精神信念。此时，志愿服务的原则规范已不再是一种他律，志愿服务行为已成为人们的内在需要，如果不帮助他人、奉献社会就会感到不安。也就是说，当人们的志愿服务行为完全听从自律的支配时，志愿精神才算最终形成。可见，志愿精神的形成过程是志愿者在对志愿服务原则、规范有一定认知的基础上，由志愿情感激发产生坚定的志愿服务信念和顽强的志愿服务意志，从而产生志愿服务行为，在坚定的志愿服务信念和顽强的志愿服务意志的支撑下，养成志愿服务行为习惯，最终内化升华为内在精神品质的过程。

## 三、当代大学生志愿精神的特征及培育的重要意义

志愿服务作为中华传统美德的一种表现形式，对于促进我国社会主义精神文明建设、构建和谐社会有着重要作用。近年来，志愿服务越来越受到党和国家的重视与支持，吸引了众多志愿者踊跃参加。大学生作为我国青年志愿服务的主力军，更是积极投身其中，为我国的志愿服务事业做出了重要贡献，他们身上所体现出的志愿精神具有深刻的内涵和独特性。志愿精神是大学生思想教育的重要内容，对当代大学生进行志愿精神培育，能够帮助他们理解社会主义核心价值观、提高他们的道德素质，促进社会道德水平的提高。

### （一）当代大学生志愿精神的特征

志愿精神具有道德性、价值性、实践性、发展性等特征，当代大学生是志愿者队伍的主力军。因为大学生群体具有特殊性，所以他们在日常的志愿服务活动中所展现出的志愿精神不仅具有志愿精神的一般特征，还具有一些特殊特征。

#### 1. 进步性

当代大学生朝气蓬勃、充满活力，具有开放、进步的思想，这在他们的学习、生活和工作中都有所体现。当代大学生志愿者是我国志愿服务队伍的主力军，他们在志愿精神的感召下，秉持着对国家和社会的责任与使命，积

极参与志愿服务，活跃在各个服务领域，将进步的、前卫的思想融入志愿服务中，使得志愿服务更加新颖独特、积极向上，他们在志愿服务中展现出的志愿精神也具有积极进步的意义。当代大学生志愿者通过志愿服务帮助他人、服务社会，不仅锻炼了自己，提高了自身的综合素质，提高了自己的道德境界，促进了自身的进步与发展，还推动了社会的和谐与进步。目前，大学生的志愿服务领域仍在不断扩展，他们身上所体现的志愿精神对于我们公民道德素质的提高、社会的和谐发展有着巨大的推动作用。

### 2. 示范性

当代大学生志愿精神除了在大学校园内部具有示范性，在社会上同样具有示范性。"志愿者"身份对于当代大学生而言，不是临时性的，而是跟随其一生的。当代大学生志愿精神主要体现为大学生群体积极踊跃地投身于下乡扶贫、抗击疫情、抢险救灾等多种多样的志愿活动中。在活动中，他们的人生经历得到刷新和丰富，个人魅力也因此而增强，使其人生更加与众不同。这不仅能够为高校培育"有理想、有道德、有文化、守纪律"的社会主义建设者和接班人提供优秀的范例，还能够为高校增强大学生创新意识理念和实践能力、丰富其社会责任感树立典型。大学生群体是流动的、不断更新的，一代又一代的学生践行着志愿精神理念，其与社会主义核心价值观内容中提倡的德育目标是一致的，是社会发展的主流，对成熟的社会价值观体系的建造和完善工作起到了引领效果，在不知不觉中给社会提供了模范事例，吸引和带动了更多的群体参与志愿行动，将志愿行动变成一种常态化的社会存在，让生活中充满德行的暖流和人性的光芒，引领社会的道德新风。

### 3. 时代性

时代性也是当代大学生志愿精神的一种特性。大学生思维活跃，容易接受新鲜事物，能够掌握并熟练运用时代前沿的先进文化与科技，他们的思想必然会打上这个特定时代的烙印，反映这个时代的精神内涵，当代大学生志愿者身上体现出的志愿精神也必然会具有这个时代的特性。当前时代是互联网的时代，数字化对大学生群体的学习、工作和生活产生了极大的影响。腾讯公益、新浪公益、搜狐公益、校园 BBS、微博、微信等媒介为当代大学生志愿者在公益领域的发展提供了更为先进的手段与平台，扩展了当代大学生志愿服务的领域。在互联网时代，当代大学生志愿者能够通过网络联动线上与线下，免费提供信息咨询、资源共享、技术指导和精神安慰，并发布社会求助信息、呼吁社会救助、宣传志愿精神，这促进了当代大学生志愿精神的弘扬，有助于营造"正义、良知、爱心和理性"的校园文化氛围。当代大学生参与志愿实践、公众对志愿活动的关注都离不开网络，当代大学生志愿者强烈的网络参与色彩体现了当代大学生志愿精神的时代性。

### 4. 持续性

在大学校园中，虽然每年都会有一届毕业生走上社会征途，但与此同时也会有新的一批高考后的热血青年加入大学生志愿服务队伍，践行志愿精神。因而志愿服务不会缺少参加者，以"奉献、友爱、互助、进步"为主要内容的志愿者精神必将薪火相传、生生不息。我国有句古话："助人者自助。"当代大学生在做公益、参与志愿活动的过程中也收获了成长，"我志愿，我快乐""我志愿，我健康""我志愿，我成长""我志愿，我自豪""我志愿，我美丽"等激动人心的口号被深深地镌刻在了志愿者的认知和情感上，志愿精神也深深烙印在校园精神文化中，影响着当代大学生的青春时期，甚至会让当代大学生受益终身，已经演变为时代文明的新风尚。一代又一代的大学生在志愿服务的道路上贡献着自己的力量，积极加入志愿服务组织，孜孜不倦地追求真理，用自己的行动改造社会，最终成为合格的志愿文化的宣传者、行动者。

### （二）当代大学生志愿精神培育的必要性和重要意义

#### 1. 当代大学生志愿精神培育的必要性

志愿精神是人们心中的道德殿堂，是一种以奉献、友爱、互助、进步为核心内容的道德信念，体现了人类崇高的精神境界，旨在促进社会发展和人类的文明进步。我国志愿精神既适应了时代的发展要求，又是对中华传统文化的继承和发扬，在高校培育并弘扬志愿精神，对于当代大学生的健康成长、当代中国社会的转型发展以及高校思想教育的变革是十分必要的。

（1）培育当代大学生的志愿精神是当代大学生健康成长的需要。随着市场经济不断发展，人们的物质生活水平逐渐提高，但人们的精神文明水平提高得相对较慢，人们更注重物质层面的东西，被物质所束缚，缺乏精神层面的追求，导致了物质与精神的失衡。大学生的身心发展还不成熟，思想还不够成熟，容易受到不良文化思想的侵蚀。有一部分大学生的世界观、人生观和价值观已经发生偏差，他们更多地关注物质和自我，缺乏对外在世界和他人的人性关怀，精神上无所依托。面对当代大学生精神上的这一困境，高校教育者有责任有义务帮助其摆脱。目前，志愿服务已成为高校思想教育的重要载体，对于当代大学生的实践技能的锻炼、思想道德素质的提高具有十分重要的意义，客观上促进了当代大学生的健康发展。因此，培育当代大学生的志愿精神，除了是为了促进志愿服务的发展，更重要的是为了使当代大学生将志愿服务与志愿精神的价值理念、行为规范内化于心、外化于行，帮助他们树立正确的世界观、人生观和价值观，在志愿精神的感召下，帮助他人、服务社会、无私奉献，自觉地将促进人类社会和谐进步作为生活的意义，提高精神境界。由此可见，培育当代大学生的志愿精神对于当代大学生的健康成长是非常必要的。

（2）培育当代大学生的志愿精神是当代中国社会转型发展的需要。目前，我国社会正处于从传统社会向现代社会、从农业社会向工业社会、从封闭性社会向开放性社会发展的转型期。政治、经济、文化等各个方面都发生了明显的变化。社会转型为中国带来了很大的机遇，社会经济取得了长足的发展与进步，但也带来了一系列的社会问题，社会结构的变化导致经济发展不平衡、城乡差距拉大、贫富差距拉大，甚至导致部分行业被淘汰，失业问题凸显。究其原因，一方面是市场失灵所致，市场机制在某些场合不能适当调配资源，从而导致了低效或无效情况的发生；另一方面是政府干预过度所致，政府与市场本是相辅相成的关系，能够相互弥补短板。但有的时候政府为了弥补市场机制的缺陷，矫枉过正，导致了一些事与愿违的结果。

为了应对市场失灵和政府干预过度导致的问题，有的学者提出了"第三次分配"的理论。初次分配讲求的是效率，有知识、有能力的人多劳多得，先富起来；第二次分配讲求的是公平，政府通过税收等手段帮助弱势群体，建立全面、系统、适度、公平和有效的社会保障体系，以保障弱势群体的基本生活；而第三次分配的讲求是社会责任，社会成员自愿通过捐赠、公益慈善、志愿服务等方式去救济穷人，帮助穷人改善生活，提高教育和医疗水平。第三次分配是志愿性的，旨在通过汇聚社会力量对社会资源和社会财富进行重新分配，是对第二次分配的有益补充。

目前，大学生志愿者是我国志愿服务的主力军，对当代大学生进行志愿精神培育，能够有效推进我国志愿服务的发展，有效缓解社会转型所导致的社会分化和社会不公等问题，减少不同社会群体、阶层之间的摩擦与矛盾，加强不同社会群体、阶层之间的沟通与了解，从而弥补市场和政府的不足，促进社会公平正义的实现。由此可见，培育当代大学生的志愿精神对于保障当代中国社会转型的发展是非常必要的。

### 2. 当代大学生志愿精神培育的重要意义

志愿精神既承继了中华民族的传统美德，又具有时代精神，体现了一种服务社会、无私奉献的价值理念。大学生志愿者是中国青年志愿服务队伍的主体力量，培育当代大学生的志愿精神对于当代大学生自身和我们所处的社会都具有重要意义。

（1）培育当代大学生的志愿精神有利于提高当代大学生的道德素质。在当代社会，我国高校对当代大学生进行德育的根本目的就是提高当代大学生的道德水平，培养他们认识、改造世界的能力，帮助他们树立正确的世界观、人生观和价值观，成为合格的社会主义事业建设者和接班人。志愿精神恰恰契合了高校德育的这一要求，能够全面提高当代大学生的道德素质。

首先，有助于当代大学生树立正确的世界观、人生观、价值观。目前，当代大学生的物质生活基础已经非常稳定了，可以在美丽、充满书香气息的校园里无忧无虑地接受文化知识的熏陶，为自己的未来打下坚实的根基。但不容乐观的是近年来类似于"无聊""郁闷""空虚"等消极词语开始在大学生之间流传开，不少大学生开始陷入迷茫，没有远大的理想和目标，犹如海洋中迷失方向的小船，对于人生的真谛和生命的意义更是不能深刻地领悟。在这样的背景下，对当代大学生进行志愿精神培育，能够促使当代大学生在服务他人、奉献社会的同时实现个人价值，有助于当代大学生在奉献自己、关爱他人的过程中提高自己的道德水准、陶冶高雅的道德情操、提高道德境界，更好地将社会主义核心价值内化于心；有助于当代大学生在志愿服务中更切实地体验生活，了解我国发展的基本状况。培育当代大学生的志愿精神还能够使当代大学生在奉献、服务的活动中切身体会到人间的友爱、真情和温暖，在这种良好氛围的影响下，更好地认识和处理个人利益与集体利益之间的关系，增强其服务社会、回报社会的使命感，坚定为中华民族伟大事业献身的信念，从而无所畏惧、勇往直前。由此可见，培育当代大学生的志愿精神对于当代大学生的世界观、人生观、价值观的树立意义重大。

其次，有助于提高当代大学生的现代公民意识，增强其社会责任感。随着我国社会主义现代化的不断发展，当代大学生作为我国公民中的一员，应该主动参与公共事务，服务社会大众。要衡量一个国家综合国力如何，两个重要的指标就是国民道德水平和国民生活质量。社会责任感是评判国民道德水平的重要指标。

如果没有责任的支撑，国家和社会就无法形成凝聚力和战斗力，国家的繁荣富强和长治久安自然也就会成为空谈。个体只有形成社会责任感，才能与自私自利划清界限，时刻关心国家和人民的利益。做好培育当代大学生社会责任感的思想工作意义非凡，大学生是我们国家的希望与未来，背负着将国家建设成为富强、民主、文明、和谐、美丽的社会主义现代化强国的重担。由于大学生的活动空间主要集中于校园内部，有一定的局限性，接触的群体和交际的范围也相对有限，对社会的理解不够全面，缺乏对他人与社会的责任感。当前高校和社会要想增强大学生的现代公民意识，就务必培育大学生的志愿精神。培育当代大学生的志愿精神能够有效提高当代大学生的现代公民意识，增强其社会责任感，调动其参与公共事务的积极性。在志愿服务精神的呼唤和号召下，大学生会尽最大努力为身边的人提供帮助，主动承担社会义务，主动为社会发展尽一份微薄之力。助人者自己也会有所收获，大学生在帮扶别人时，对自己身上社会责任的理解也会更深一层，其主体意识和公民意识也会在为他人服务的过程中得到强化。

最后，有助于增强当代大学生的爱国主义精神。爱国主义精神贯穿于整个中华文明的发展史和中华民族成长历程。五千多年来，我们的国家和民族始终保持着强大的生命力，其力量之源就是爱国主义精神，这种精神激励了一代代华夏儿女，让中华民族始终以挺拔的身姿屹立于世界民族之林。在当代，中华民族精神的核心就是爱国主义。各高校应当将爱国主义作为德育工作的根本理论导向，从理论教育和实践教育两个方面入手，提高当代大学生对爱国主义的理论认知，使他们全面了解国家历史，在实践教育中培养当代大学生的爱国主义情感，坚定他们的理想信念，使他们将爱国主义融入服务人民、建设国家的实际行动中。志愿精神倡导的"奉献、友爱、互助、进步"的精神内核能够深深感染当代大学生，使他们在志愿服务中形成爱国主义情感，增强爱国主义精神。

### 3. 培育当代大学生的志愿精神有利于构建和谐社会

构建和谐社会是建设现代化国家的内在要求，是全国各族人民的共同愿望。志愿精神是人类社会的一种精神追求，旨在帮助他人、奉献社会、推动社会的文明进步。奉献、友爱、互助、进步是我国志愿精神的核心要义，也是社会主义和谐文化的重要内容，培育当代大学生的志愿精神有利于将这种友善、和谐的理念在大学生群体中广泛传播，有利于提高当代大学生的道德素养，促进当代大学生自身的和谐、人际关系的和谐和人与自然的和谐。

### 四、当代大学生志愿精神的自我培育与养成

当代大学生志愿精神培育的重要目的就是激发当代大学生参与志愿服务活动的主动性，而能否真正将志愿精神内化于心则取决于当代大学生自身对志愿精神理解、把握的深度。因此，应当强化当代大学生志愿精神的自我培育，增强当代大学生培育志愿精神的主动性，提高其对志愿精神的理论认知，使其增强对志愿精神的情感认同、坚定践行志愿精神的意志、积极投身于志愿服务活动中，实现志愿精神与志愿服务的统一，使志愿精神真正内化于心、外化于行。

#### （一）当代大学生主动增强对志愿精神的情感认同

情感虽属于心理因素，但体现着对人和事物的好恶倾向，尤其在建立良好的人际关系方面能够发挥重要作用。在志愿服务实践活动中，情感也是促使人们积极参与的动力因素，具体表现为对志愿服务的热情，以奉献为乐，不掺杂个体的求利成分。志愿精神的情感能够将志愿精神以感性的形式落实在志愿服务活动中。志愿精神的情感是志愿服务实践行为的催化剂，一旦对志愿服务精神产生情感认同，就更容易使这种精神内化为自身的思想意识，并落实在日常的行为中。

志愿服务作为公益活动，服务于民，当代大学生在实际参与的过程中，可以通过服务与服务对象进行交流而达到心灵上的沟通，在与志愿同伴的相互帮助中产生情感共鸣，增强关爱情怀，生发团结友善互助之情。志愿服务中志愿情感的交织、仁爱之情的播撒会使当代大学生更容易感同身受，内心受到触动。当通过志愿活动帮助失学的孩子重回课堂露出天真的笑脸时，让孤残老人获得志愿者的呵护并感受人间温暖时，让遭受病痛折磨的病人获得战胜病魔的勇气和信心时……志愿者都会产生情感上的共鸣，都会因施以爱心而感到自豪。当代大学生志愿者在关心、服务群众的社会实践中获得了社会的肯定和鼓励，思想境界也会进一步升华。对志愿行为价值的认可更会进一步推动当代大学生志愿者对真、善、美的追求，使得当代大学生志愿者养成热衷公益事业、关爱社会弱势群体、遵守社会道德规范的良好习惯，形成积极向上的心态和健康的心理，使社会中道德冷漠的现象有所减少。总之，当代大学生主动增强对志愿精神的情感认同，可以增强自身践行志愿精神的内在驱动力，进而促进自身志愿精神的形成。

### （二）当代大学生坚定践行志愿精神的意志

意志的目标指向性很强。践行志愿精神的意志是指人们在自觉自愿参与志愿服务的过程中所表现出来的迎难而上、坚持不懈、坚韧不拔的精神力量。践行志愿精神的意志的形成是一个从思想心理活动到实际实现的渐进过程，一方面，要求人们克服行动前的动机冲突，是一个善念战胜恶念的过程；另一方面，主体在实施善行的过程中积极克服内外困难，是一个自觉达到善的目的的活动过程。

百炼成钢，当代大学生参与志愿服务活动也是自我锤炼、提高意志品质的过程。这一过程对当代大学生提升道德素养和养成符合社会规范要求的行为习惯至关重要，需要克服重重困难，需要百折不挠的毅力，"士不可以不弘毅，任重而道远"，需要有发愤忘食、乐以忘忧的精神，需要充满敢为人先的勇气、持之以恒的韧劲，最终才能锻造成为意志坚定的志愿服务者。当代大学生志愿者只有在志愿服务实践中不断淬炼自己的意志品质，坚持脚踏实地、兢兢业业、吃苦耐劳的爱岗敬业精神，才能牢固树立志愿服务精神。

### （三）当代大学生积极投入志愿服务活动中

中华民族很早就认识到了"知行"的关系问题，强调"知行相须""知行合一""知行统一"。认识来源于实践，也对实践具有指导意义。"知"的价值在于能够在实践中发挥其应有的作用，否则就不能与实践结合，再完备的理论也形同虚设，没有实际意义。就志愿服务而言，志愿精神属于"知"的范畴，志愿服务活动属于"行"的领域，要培育当代大学生的志愿精神，就必须实现志愿精神与志愿服务相统一，在志愿服务中彰显志愿精神，用牢固的志愿精神推动志愿服务活动的开展，即做到"知行合一"。这就要求当代大学生积极参加志愿服务活动，在实践活动中凝练、体悟、发展志愿精神。需要强调的是，志愿服务活动实践是一个长期的过程，志愿精神也不是在偶然的行动中形成的，而是在长期的志愿服务实践中逐渐确立的。志愿精神是意志品质的体现，是经过反复实践才凝聚而成的。所以，当代大学生应该养成定期参加志愿活动的习惯，使其内化为内在需求。在实践过程中，当代大学生志愿者还应该不断总结经验教训，不断反思自己的行为以及志愿服务的方式和取得的效果，这样，才会对自己的思想、道德、境界等有所触动。流于形式、敷衍了事则不会在志愿精神层面有所收获。

　　总之，当代大学生积极主动地参加志愿服务活动不仅能够强化思想教育的效果，还能实现志愿精神与志愿服务的统一，有利于当代大学生志愿精神的养成。因此，当代大学生应当积极投身于志愿服务活动中，在实践中深化对志愿精神的认知、增强对志愿精神的情感、坚定为人类进步事业贡献力量的意志。

# 第五章
## 当代大学生家庭责任的培育

# 第一节　当代家庭责任与其内在结构的解析

## 一、当代家庭责任

当代家庭从传统社会中以血缘关系为家庭主线的结构慢慢变为以夫妻关系为家庭主线的结构。计划生育实施后，我国家庭结构逐渐变为"4-2-1"的模式，两个独生子女组建家庭后需要赡养上一辈的四个老人，还需要抚养下一辈的子女。当前的大学生大都是独生子女，在不久的将来就需要面对这样的家庭结构，因此，高校非常有必要让大学生接受家庭责任意识教育，让其了解当代家庭责任意识都包括哪些内容。

### （一）子女对父母长辈应尽的孝道

随着时代的发展，人人都开始讲究平等和睦，相对于传统的父为子纲的不平等关系，在家庭内部，子女也成了有发言权的家庭一员。尤其对于当代独生子女而言，父母对子女的溺爱远大于对子女的约束和教导，导致目前很多青年人对于父母给予的忠告表现得非常漠视，觉得自己的想法才是正确的，经常与家人发生冲突和矛盾。甚至有的青年人从小被父母溺爱，一切要求父母都会满足，因此长大成人后便将自己看作一家之主，父母都要听从他的安排，做任何决定都不会征求父母的意见。

因此，当代家庭中，子女对父母长辈应尽的孝道不再单单指传统的赡养、尊敬和服从父母长辈，而是应该和父母将自己抚养长大的方式一样，反过来用爱照顾好父母的晚年生活。作为子女，应该有能力独立生活，不再依赖父母，应时常关心父母的身心健康，多做情感上的沟通，知道感恩父母的养育，对配偶的父母也应当全心全意、尽职尽责，在组建自己的小家庭后也不能忽视父母，应常回家看看；也应与父母的兄弟姐妹等长辈保持联系，互帮互助，传承中国传统大家庭和谐美满的家庭氛围。

### （二）夫妻间的平等、尊重与忠贞

随着市场经济的发展、经济利益的扩大，女性不再像传统家庭中那样主要留守在家中相夫教子，她们也会步入社会参加工作，在经济上获得了一定的自由，人格上也渐渐独立，在家庭中的地位也随之提高。她们不再是丈夫的附属品，在家庭生活中获得了平等和自由，男女双方共同承担家务事，在工作和生活中相互支持、互相鼓励，并且如今男女结婚组建家庭也不再单单是为了传宗接代，而更多的是因为两个人产生了情感上的依赖，想在一起过恩爱的夫妻生活。但是如果某一方因对方的忠贞问题而在情感上受到伤害，这个时候往往个人利益会大于家庭利益，其中一方很可能就会因为不再考虑家庭利益而选择离婚，最终导致一个家庭破裂。这就需要当前的青年人意识到夫妻间应有的平等、尊重和忠贞的家庭责任，只有夫妻间情感和睦才能在家庭中孕育温馨的爱，家庭成员在爱的包围中感受家的温暖才能在外面将学业、事业完成得更加出色。

### （三）家长对子女的抚养与教育

现代社会的亲子关系不再像过去的传统家庭那样。子女作为社会成员，与父母享有平等的公民权利，因此，家长在抚养、教育子女的过程中，应该摒弃传统家庭中子女必须绝对服从父母意志的思想，要以尊重子女为基础对其进行良好的家庭教育。对于独生子女的教育问题，应该明确养和教的区别，要继承传统家庭伦理观念中的"慈"的深刻含义，即不能一味地溺爱子女，在子女犯错误的时候也应该进行严厉的批评，不能因独生子女是家中的"独苗苗"而捧在手中怕磕怕碰，最终使子女无法养成独立的行为习惯，一切都依赖父母，不能独立生活。家长要明确认识到家庭教育对于一个人的良好发展的作用非常关键，孕育子女就应意识到抚养子女成长成才是自己必须要尽的职责和义务，不能放任子女不管，要尽自己最大的力量使其接受正确的教育，一代一代将优良的家庭美德传承下去。这样，社会也会随着个人素质的提高而变得更加美好。

## 二、当代青年家庭责任感内在结构的解析

家庭责任感是当代青年道德品质的重要组成部分，对于青年个体的全面发展和社会整体的不断进步起着不可忽视的作用。家庭责任感内涵丰富，可从知、情、意三个维度对家庭责任感的内在结构进行解析，分析当代青年对

家庭责任相关内容的认识、与家庭成员的情感、对待家庭事务的态度和在具体实践中的行为表现等有利于更好地把握研究主题和了解所关注的现象、问题以及发展趋势，以提升青年的责任意识，促使其养成道德素质，实现个人理想目标；引导其价值观导向，使其将家庭责任感落实到实践中，从而推进家庭的和谐和社会的稳定。

## （一）家庭责任认知

责任的认知者需要能够对责任承担与否、所承担的责任的内容、责任承担的方式以及相关人际关系的发展作出正确选择，而这恰是责任感形成的内化过程。当代青年对于家庭责任感的认知，可以从以下几个方面进行分析。

### 1.对家庭关系和家庭角色的认知

青年个体在特定的家庭中必然要与其他家庭成员构成具体的家庭关系，并扮演具体的家庭角色。同一个个体，由于角色身份的不同，可能属于多个家庭，承担不同的角色责任，例如一个青年男子在父母家庭中的角色为儿子，但因婚姻关系的缔结而成为丈夫，妻子生育后又成为父亲。个体对于家庭关系和家庭角色的认知直接关系到个体对家庭责任的履行。

家庭关系是特殊的社会关系，血缘关系和姻亲关系是构成家庭关系的主干，因此，家庭成员间有着超越其他社会关系的天然亲密度和在长期的日常生活接触中形成的熟识度，血缘关系的亲疏远近与家庭关系的牢固性强弱相关联。家庭生活中，个体的权利和义务随着家庭关系的成立而产生，因而当个体否定、破坏与家庭关系有关的权利义务时，不仅要承受社会道德舆论的谴责，还要承担相关的法律责任。家庭角色的定位是家庭责任的起点，家庭责任内容的实现形式都是围绕着角色定位而展开的，青年个体只有对家庭角色有了明确的辨析才能有效地承担相对应的家庭责任。作为子女，应对父母尽赡养义务，在能力所及的范围内为父母提供物质支持，并给予其所需的精神情感的陪伴，善事父母是当代青年家庭责任中最为基本的要求；作为夫妻伴侣，相互关爱、相互尊敬、相互信任、情感上彼此忠诚和生活中相互扶持是婚姻双方不可回避的责任，当然也是维系情感关系和睦、使情感关系长远发展的条件；作为父母，有生育和抚养下一代的责任，并且要克服社会竞争中不断增长的工作压力和生存压力，均衡合理地分配生活时间，尽可能不让自己父母承受隔代抚育的压力，避免出现"只生不养"不负责任的行为。

此外，作为家庭的一分子，家庭成员需要共同为家庭的幸福生活而努力，特别是青年群体，是家庭建设的中坚力量，在家庭中有着承上启下的特殊作用，青年的成长发展离不开家庭的抚育和支持，家庭生活的幸福美满也离不开青年的努力。同时，个体的责任感意识具有一定的相通性和传承性，许多观点认为，缺乏家庭责任感的青年很难具有事业责任感、社会责任感等，这也导致其往往不能真正实现人生价值。因此，青年群体在日常生活中需要主动缓解代沟矛盾，调节家庭氛围，传承家族精神文化，做有担当、敢负责的人。考察当代青年家庭责任感认知，要关注其对于自身家庭角色身份的定位，以及能否厘清相关家庭关系及其衍生出的家庭事务。

2. 对家庭责任情境和家庭活动的认知

与其他的责任情境相似，家庭责任的情境是对某种具体责任整体性的认知，包含责任的价值、责任的起因与结果、责任的属性与类型等。首先，是家庭责任的价值认知，这与家庭成员的责任感意识和责任行为，与家庭生活的幸福美满都息息相关。成员按时有效地履行家庭义务、相互间保持平等互爱的关系、树立正确的价值观是和谐家庭建设的基础，而和谐家庭是和谐社会的基石，因此需要唤醒个体的家庭责任意识，强化和谐家庭的建设目标，巩固和谐家庭的稳定秩序，使个体对家庭责任的价值有更深刻和明确的认知。其次，了解家庭责任的起因，助推责任朝着良性的趋势发展。责任在社会实践中形成，来源于特定的关系产生或事务划归，不是凭空臆造的抽象概念。对责任起因的判别应和个体责任行为产生的内在动力直接联系，其也是责任态度初始状态的影响因素，虽然这种判别的结论所带来的影响常常随着具体实践的发展而发生变化，但从影响程度和时限上看，却是相对深刻和持久的。再次，虽然家庭责任情境的结果是未知的，但并不意味着完全不可控制，实际上能够通过对责任事件所涉的人物和事务的分析，进行全面有效的预测，提高责任主体在责任活动中的事前参与热情和事后满意度。最后，家庭责任的属性和类型的判断也是在责任结果确定之前的积极调控，具体的某一责任承担在不同的情境之下有不同的属性及表现形式，应借助情境观察和认知，增加和提高责任主体的安全感和信任度。

家庭活动是家庭生活最主要的实践途径。根据家庭功能的一般性划分，可以归纳家庭活动的基本类型。家庭在社会中具有社会化功能、情感功能、经济功能以及生育功能等，家庭活动也重点围绕与此对应的功能展开。家庭是特殊的社会群体，承担社会化的任务。家庭活动中，父母有对子女进行教育的责任，父母是子女的第一任老师，家庭教育在个体人生发展中的教育作用是无可替代的；来自家庭亲属的情感陪伴是最易得却也最珍贵的，缺乏家庭关爱的个体在个性和智力发展上容易有缺陷，家庭情感活动不一定是独立而成的活动形式，常常融会贯通于日常生活中，潜移默化、日积月累地产生积极影响；随着生产方式和生产关系的市场化，家庭的生产功能已经逐渐外移，但作为社会的基本单位，家庭仍然承担着一定的经济活动责任，家庭经济实力和生活水平的提高是家庭成员齐心奋斗的共同目标；生育活动是家庭代际传递的内在需求，尤其是在我国，对子嗣生养十分看重。要了解青年个体对家庭责任情境和家庭活动的认知情况，就要充分考虑到具体的家庭责任情境，同时关注与家庭责任相关的日常家庭生活内容，以便作出更为真实准确的分析。

### 3. 对主体态度和主体能力的认知

对于同一个责任的承担，主动迎接或被动接受、积极应对或消极处理等不同的态度认知所呈现出的行为结果也大为不同。对某一责任的内涵和外延的认知，包括对责任的对象、责任的来源、责任的承担形式、责任的结果等的分析判定，是责任主体对责任的态度的决定因素，这是关系责任进行最为直接的条件。社会的主流道德价值观导向和个体自有的评价标准体系也是责任态度认知的重要影响因素，特别是当责任的承担以义务的形式出现时，在强烈的义务感的刺激之下，责任人的主动性和积极性都会增强。个体在不同的人生阶段所积累的人生阅历和判断力水平的差异同样能作用于责任态度，面对利益需求的诱惑和事件实际发展过程中出现的冲突，有着成熟的心智的个体能够更好地控制主观情感的变化，理性看待责任的存在。主动的态度能促进责任活动的发展；相反，被动的态度则会阻碍责任的活动的进行，甚至带来不可预知的风险。在被动态度的左右之下，责任会被责任主体忽视、转嫁或放弃，而这种被消极处理的责任又常常不能由其他主体代为处理，最终会导致责任的缺失。

能力取向、范围、大小的差异是人的发展差异性的体现，责任产生时，个体能否迅速地对事件作出正确的判断、对自身的应对能力作出正确的评估，又能否发挥自我潜力是责任能力的体现，也是责任活动完成的保证。而且，有着较强责任能力的青年不仅能有效掌握责任活动，还能影响其事态发展。在具体的责任活动中，个体的智力水平、知识素养、道德品质、心理状态、技能特长、经验履历、个性特征等内在素质，以及个体在社会活动中掌握的社会资源，包括职业身份、社会地位、特殊的人际关系和权力等也是责任能力的构成元素。以心理素质在责任能力中的作用为例，拥有较为成熟心理素质的青年更容易理性看待责任的存在、分析责任的内容、思考责任实施的方法和相关注意事项，特别是当其遇到危急情况时，其可自我调节情绪，沉着冷静地应对问题，避免责任风险的扩大；相反地，心理素质不高的青年在承担责任的过程中则容易出现信心不足、韧性不够、意志力不坚定以及情感浮动大等问题。

在责任行为实施前，个体应该客观真实地对自我能力进行综合性评估并对具体责任进行认知评估，明确自身的能力结构和特征，扬长避短，辨析具体责任活动存在的重点环节和风险困难，及时做好前期准备工作，这有助于活动的后续进行。

### 4.对家庭责任的良知

良知是儒家思想中所提倡的一种对事物善恶是非的道德判断，王阳明认为，良知产生于个体先天自然的意识而后作用于社会实践，是一种个人身心修行的体验，能够帮助人在行为过程对本体的行为"除恶扬善"，保持真我的善念。家庭责任的良知即从伦理道德观念出发，对家庭行为活动、家庭人员等的正确的认识。良知内涵中三个重要的核心内容"知耻""知愧"和"知恩"贯穿于良知作用发挥的整个过程。

在一定道德思想范畴内，良心与责任感的概念有相交之处，良心与责任感皆是人内心的情感的主观体现，是一种善的认知，有助于个体更好地了解自己，了解自己的社会角色和所处的社会关系网络以及社会价值，因此可视培养良知和善的觉悟为责任教育活动中关键的一个环节。

家庭责任感中，"知耻"认知表现为能够认识到在家庭生活中发生的未尽应尽的责任，或未能很好地完成责任、责任任务的滞后性等现象的错误，以及对未能善事父母导致父母老无所依等责任缺失行为感到羞耻；认识到过失行为后有内疚、忏悔，并积极尝试改正和弥补的举动是"知愧"的表现；而"知恩"即对父母的辛勤养育、配偶的爱和付出、亲人的支持与陪伴等家庭亲情的感恩认知，感恩之心常引导个体在接受到来自家人无私无畏的爱与付出后产生回馈报恩的行为。

### （二）家庭责任情感

责任情感，以其倾向属性为划分标准，有正向情感与负向情感之分。正向情感是指个体在实践中对通过亲历责任而产生了一定的认识后，根据自身的需求和实际所作出的健康、积极、乐观的内心情感选择，内在的情感再外化到个体的社会活动中，表现为具体的责任行为。在正向的责任情感导向下，个体通常能够主动地承担责任、履行义务，并根据责任的要求调整实践的方式，责任承担过程中的快乐的情绪和坚定的信念、责任完成后的满足感和成就感以及责任对于自我价值实现的动力都是这种情感的体现。负向情感则是指个体因为责任与自身需求不相契合或自身能力与责任完成要求存在差距而产生的消极情感和排斥态度，落实到责任行为中，表现为忽视或推卸责任、对承担责任感到焦虑和紧张、对责任任务无法顺利完成感到内疚和自责、对责任行为过程中遇到的挫折和阻碍的愤怒和无奈等，这些对立的情绪对责任行为的负面影响常常会使责任主体失去承担责任的信心和勇气，不利于责任过程的控制和结果的判断，会导致责任缺失的发生。

在家庭责任情感中，正向的情感展现有对家庭中的人和事物的认同意识、能够在家庭生活中感知到爱和关怀的归属感、与家庭成员之间的依存感等，难以在家庭关系中找到存在感、对家庭生活的反感和排斥情绪、否认个人与家庭间的亲密关系、缺乏关爱意识等是负向情感的典型表现。这里主要探讨家庭责任情感中的正向情感。

### 1. 对家庭的认同感

人在社会中经历不同的实践活动，会对自我、他人以及社会事物形成具体的价值判断。其中，正向的判断即是认同感的产生，从主客体划分，一般对认同感的研究集中为人寻求社会对自身的认同和人对社会其他事物的认同。由此推及，对家庭的认同感是个体对家庭及其相关事务的肯定态度，以其组成来看，包括对家庭文化的认同、对家庭成员行为的认同以及对家庭规范的认同等。个体对家庭的认同感是责任感形成的先决条件。

首先，家庭文化是家庭成员在日常生活中共同的信念与追求，也是家庭整体精神面貌的现实体现。新型的家庭文化观要求开阔视野，将家庭目标与社会价值取向紧密结合，即与社会主义核心价值体系相结合，以公共意识的提高促进家庭责任意识的发展。良好的家庭文化氛围下，家庭成员更容易形成正确的道德伦理意识、责任感意识以及消费观等，也能助力和谐家庭秩序的形成。

其次，家庭成员的行为是家庭生活的具体内容，成员间彼此的认同是家庭关系和谐的要义。另外，成员间存在行为的相互推及，特别是父母长辈对于子女的行为模范作用会对子女产生非常深刻的影响。规范的家庭成员行为要求成员在自觉遵守和切实履行道德义务和法律义务的基础上，满足更多的合理的家庭需求。当代社会家庭矛盾中的典型问题，如婆媳矛盾、代际矛盾等都与家庭成员间的价值观和行为态度差异直接相关。由于婚姻自由化以及城际交流的开放性和便捷性，当代家庭在成员构成上与传统家庭存在很大的差别，传统家庭中的成员一般来自相近的区域，夫妻双方彼此熟识甚至有血缘关系，这是熟人社会的一种表现。现代社会中，由于生长年代、地域的差异性，家庭成员在生活方式和生活态度间客观存在着区别，要避免其成为分歧，就要努力在求同存异中求平衡，从而达到情感上的包容和认同。

最后，家庭认同感与家庭及其成员在社会中的形象相关。一般来说，关系和睦、伦理有序、情感深厚的家庭形象会得到社会舆论的普遍认可。如果家庭中个别成员为社会做出了突出的价值贡献或是具有为人称道的精神品格，其他家庭成员就会由此产生认同感甚至自豪感，愿意强化自己身为家庭一分子的概念，以及愿意与他人谈论家庭事务。反之，在社会中具有负面形象的家庭中的家庭成员则容易对自身家庭产生怀疑、不满甚至在家庭纠纷等不愉快的事务中生成厌倦的情感，这种疏远、排斥的情感不利于家庭认同感的形成和发展。

### 2. 对家庭的归属感

弗洛姆在其心理学理论研究中提出了归属感的概念，是指在具体的人、事、组织中获得的安全感和落实感。归属感能够使个体对其社会身份有更为明确的认识，社会身份是个体社会行为的起点，能动的人通过对社会身份的了解，确定自己应该做什么、如何去做。同时，归属感也有助于个体缓解焦虑的心理状态，得到有效的慰藉。著名的马斯洛需求层次理论中，"归属感"与"爱"同为人重要的社会需求。归属感作为一种重要的情感资源，现如今被广泛地用于社会团体的管理之中，成为鼓舞士气和凝聚人心的情感途径。家庭归属感，则通常因被视为自然发生、无需增益的部分而遭到忽略。事实上，人的情感是复杂而变化的，家庭归属感会根据家庭成员的关系和行为的真实表现而呈现不同的状态。

个体对家庭的归属感是一种情感层面的幸福、满足和舒适感。家庭归属感来源于具体的生活情境中，如家人无私的帮助、无微不至的关爱、无条件的信任等。家庭组织不仅是物质生活的载体，还是精神的供给站。众多心理学研究的结论都表明，人是社会的人，生活在社会环境中，需要与他人接触、交流，孤独感和无助感常会使人消极、懈怠，这就需要在团体组织中找寻安全感。相对而言，家庭是个体最稳定的组织后盾，来自家庭的归属感是个体在社会实践中遭遇困难、挑战时有力的情感支持，也是其在创造社会价值、实现人生目标时的情感依傍。

家庭归属感与家庭责任感相互作用，归属感的产生促进责任意识的形成，而家庭组织对个人行为的认可又是其归属感产生的关键所在。缺乏家庭归属感的个体在社会生活中常会出现对家庭事务的漠视态度，也缺少参与家庭活动的热情，这些都是责任感缺失的表现。家庭归属感的培养应当做到全面而深刻。有时，刻意地塑造某一种归属感意识，如功利地强化某种身份能够给个体带来的好处，包括物质或精神上的利益，或者有目的地将个体投入组织中，使其身份得到具象的体现从而强调其群体特征，都能够迅速地增加其归属感，但这并不适用于家庭这种特殊的组织。家庭成员间彼此的态度够调节家庭的氛围，亲情拥有其他情感所无法替代的价值和力量，因此，真情实意的情感投入是家庭建设的重点，也是成员对家庭的归属感的来源，除了情感的建立，归属感的维系和发展同样重要，一方面要依靠个人努力，另一方面要依靠家庭成员齐心协力。

### 3. 对家庭的依存性

存在感是个体对于自身在某种特定情境之中的一种判断，其本质是一种精神行为态度。此处所指的家庭依存感是个体与家庭之间存在的互为条件、彼此依靠的状态，而非缺乏独立能力的状态。存在感和不可替代性是家庭依存感的内核精神。

人本主义心理学家罗洛·梅的研究为存在感的价值分析提供了重要启示。存在感体验对于个体和家庭的发展来说都具有重要的作用，以个体为例，存在感产生于最基本的心理层次，是真实的体验，与个体实践经验相贯穿，适用于辅助解决许多具体的问题。家庭存在意识弱的个体往往在家庭生活中表现出不同程度的自卑、焦虑，在承受来自社会环境的压力时也易表现出不适与心理冲突。而个体在家庭中的不可替代性反映了个体在家庭中的重要程度。每一个家庭成员在家庭都具有特殊的角色定位，在家庭生活中发挥着不同的作用。个体应该认识到自身价值所在，并更好地实现价值；同时也要明确家庭及家庭成员是独一无二的存在，珍视和维护家庭情感。

对家庭及家庭成员关系具有一定认同感的青年，在对外的人际交往和社会活动中，谈及家庭生活时常常会表现出积极的态度，乐于承认自己的家庭身份，愿意将家庭作为自身树立良好外部形象的一种优势。具有家庭归属感的青年，其个体安全感和幸福感的增加都有利于减少其在家庭生活中的焦虑感和压力意识，在日常生活中，相比于缺乏家庭归属感的人，不仅在与家庭成员的沟通交流中表现自如，在其他人际交往中也多表现得自信乐观。而对家庭依存感的提高既能帮助家庭成员准确进行价值定位和责任定位，又是提高家庭内部联系频次和亲密度的保证，使家庭成员个体能更好地融入家庭生活中，促进家庭在组织结构上成为统一的有机体。无论是认同感、归属感还是依存感，青年个体家庭情感的发展都是助推家庭责任感提升的重要因素。

## （三）家庭责任行为

家庭责任行为是家庭成员对具体的家庭责任事件产生影响时的行为表现。家庭责任行为通常是个体在对家庭责任事件获得一定的认识、一定的情感后做出的反应。任何责任行为的实现都需要经历一个完整的形成过程，从责任目标的确立、责任动机的产生到特定的责任行为的反应，这一过程还会受到主客观因素和其他变量的影响，家庭责任行为同样不例外。

### 1.家庭责任目标的确立

个体根据自身的责任能力、价值观取向以及相关社会条件，会对责任行为的结果作出一定的预期判断，在进行判断、分析和调整的基础上定出适当的目标。责任目标是责任行为形成的来源，目标是责任主客体需求的体现，目标的建立意味着开端，后续的责任行为都会围绕着目标的指向而行动。定位准确的责任目标是青年个体保持责任意识自觉性、提高责任实践积极性、确保责任活动完成度的有效保证。

关于现实生活中青年家庭责任目标的内容归属和利益归属，可以有更为具体、细化的理解。依据目标内容的归属，有物质性目标和精神性目标之分。青年个体对家庭日常生活中的衣食住行等所需要的物质条件支持，如金钱、住房等的追求属于物质性目标；精神性目标是指青年个体为提升家庭成员生活幸福感、丰富家庭精神生活、协调与他人的社会关系、提高家庭社会名誉地位、维持家庭关系和谐等而产生的责任行为目标。此外，根据目标利益的受益群体划分，有共同目标和个体目标之分。共同目标即家庭成员共同追求的目标，如家庭收入水平的提高、家庭生活质量水平的提高、家庭成员健康水平的提高、家庭成员关系融洽度的提高、家庭社会地位的提高等；个体目标可以理解为责任行为的受益者为某一特定家庭成员个体设定的目标，如对处于学龄期家庭成员设定的学业目标、对适婚年龄家庭成员设定的婚恋目标及育儿目标等。

### 2. 家庭责任动机的产生

责任目标确立后，责任行为的动机在一定的情境诱发下自觉形成，并受到客观条件的影响。责任动机是责任行为发生的内在动力。一定程度的责任动机能够帮助激活发生责任行为的动力，巩固和维持责任行为的持久性和连续性，并在个体受到外部环境的诱惑而陷入内部认知情感的困境时，对个体进行必要的协调。在具体的责任情境之中，表现为价值观取向、理想信念、物质或精神追求等形式的责任动机常常成为影响个体实施责任行为的关键性因素。同时，个体在责任动机驱使下完成一定的任务后所获得的满足感、喜悦感等正向情绪又能成为促使新的责任动机产生的要素。假使青年个体在家庭活动中缺少明确的责任动机，则难以在实践过程中使责任行为得到有效的落实。

责任动机根据来源的不同，有内部动机和外部动机之分。内部动机主要源自个体的某种固有信念、价值体系或者精神需要、精神需求。家庭责任的内部动机是个体对家庭或家庭成员自觉自愿产生的内在驱动力，侧重于关注责任行为的过程，如为家族的兴旺而做出贡献的意愿、为需要帮助的家庭成员提供支持的价值满足、维护家庭正当权益不受侵犯、增添家族荣誉等动机，一般是精神层面的信念和觉悟；外部动机侧重于对责任行为结果的调控，来自个体所处社会环境中的行政指令、法律法规约束、道德伦理秩序、社会舆论导向等压力会直接或间接影响个体外部动机的形成，一般与特定的压力相伴而行。内部动机与外部动机两者常常相互关联，共同作用。责任的动机在整体过程中直接或间接地调控和左右责任行为的发展。外部的动机与内部的价值取向的一致性如何是个体对责任行为的态度（或自觉接受、主动承担，或拒绝承认、消极对待）的决定性因素。例如，子女在学习了相关法律法规后了解了自身的法定义务而产生的履行孝行的动机，个人因对父母的由衷的敬爱而产生的想要积极履行孝行的动机，夫妻间互相关心、互相支持且愿意通过自身的努力为对方创造幸福感的动机，父母无私爱子女且尽己所能为子女提供更好的生活条件的动机，都是责任行为外部动机的表现。

### 3. 家庭责任行为的反应

责任行为的反应可以理解为责任主体对于责任行为发生的态度，是责任行为过程中最直观和外显的部分。责任的反应是责任认知、责任情感以及其他责任行为的表现综合而成的责任结果，直接决定了整个责任事件的属性。责任的反应是责任行为实践的结果。个体在复杂的家庭活动中会表现出不同的责任态度，积极的责任态度有主动承担家务、赡养老人、养育子女等；消极的责任态度有忽视或放弃对家庭责任的承担、破坏家庭关系、损害家庭利益的行为等。而从责任反应的结果看，可以分为四类，即责任履行、责任转嫁、责任放弃和责任拒绝。对于青年家庭责任的反应，具体而言，责任履行表现为无论是主动或是被动，个体都同意接受和承担家庭责任，并能克服过程中出现的困难，依照允诺完成责任任务，如承担家庭养老责任，协调好时间、精力和物质分配，尽可能地满足养老对象所需要的物质保障和精神关爱。责任转嫁即出于不同的原因，将本由自己承担的责任转移至他人或其他社会组织，如青年个体转移养老责任，或是转移给父母自身以及其他亲属，或是转移到养老院等社会养老组织中。责任放弃和责任拒绝都是责任行为的不履行，但区别是责任放弃是对责任任务的放任不顾、无作为的反应，通常是责任人的能力和经验不足所导致的，而责任拒绝是对责任行为明确的否认和推却。同样以家庭养老为例，青年个体由于工作忙碌、经济压力大、居住距离远等没有做到及时关心照顾养老对象的物质生活，或忽略了其精神需求的情况属于责任放弃；而在各种赡养条件成熟的情况下，寻找不成立或不合理的理由和借口，拒绝赡养老人的情况属于责任拒绝。责任放弃与责任拒绝皆是不负责任的行为表现。

现实生活中，处于三观塑造关键阶段的青年群体可以通过一些具体的活动判断责任行为的实践情况，包括个体与家庭之间相互联系的情况，如在外求学或工作的青年与父母长辈日常交流和情感沟通的程度可以通过相互间电话交流的频率和主动性等行为辅助判断；个体参与家庭活动的积极性和热情程度，如青年在决定家庭重要事务时表现出的态度、在参与家庭团体活动时表现出的积极性、在家庭中承担家务的情况等；个体关于家庭文化传承的行为，如对与家庭及家庭成员有关的重要纪念日和中华传统团圆节日的关注和行为、对宗族文化的了解和传承行为等；个体面对家庭矛盾问题时的处理行为，如遇到工作繁忙无暇赡养照料父母、给父母应有的精神关心时的解决方式和行为；个体面对重要问题选择时家庭因素的影响，如青年就业、婚姻缔结、购置住房对家庭因素的影响程度；等等。

## 第二节　当代大学生家庭责任感的培育路径

### 一、重视家庭教育的影响

#### （一）形成良好的家风家规，营造和睦的家庭氛围

家庭是整个人类社会的基层组织，大学生家庭责任意识的形成离不开和睦的家庭氛围。良好的家风是营造家庭和睦氛围的关键，家风又称门风，是一个家庭及其成员在对待家庭生活中各种问题、处理家庭内外各种关系等方面所形成的一贯态度和行为。国有国法，家有家规，只有家庭内形成了良好的家风家规，有着和睦的家庭氛围，才有利于大学生家庭责任意识的形成。

家庭教育的重中之重就在于制定良好的家风家规，子女在这样优良的环境中成长，在无形中接受来自家庭的教育，就能够逐渐学会善待他人、感恩父母，形成良好的家庭责任意识。

#### （二）家长以身作则承担家庭责任，起到示范作用

要让子女从小拥有良好的家庭责任意识，家长的指引和教育尤为重要。家庭是子女的第一所"学校"，家长是孩子的第一任老师，家长应凡事以身作则，不断提高自身的修养，使子女在潜移默化中受到影响。如果家长自身素质不高，道德品质不端正，对老人缺乏孝敬之心，与兄弟姐妹常有矛盾，缺乏足够的家庭责任意识，不能担当自身的社会角色的责任，那么当他对子女强调家庭责任的重要性时，就难以让子女形成良好的家庭责任意识。家长应积极遵守社会道德规范，提升品德素质，以自己的实际行动将家庭内所应承担的事情做好，为子女树立良好的榜样。

#### （三）家长多与子女沟通，促使子女树立正确的家庭责任观

子女离家在外上学的客观情况并不应该成为家长与子女之间减少沟通的借口，反而这时家长应该更加重视与子女的沟通方式。一些家长认为子女已经是大学生了就不需要看管了，还有一些家长因子女不在身边而对其事事操心。这两种家长的做法都是不可取的。高校不可能去了解、关注每一个学生，因此，家长不能放松对子女的教育，应该注重与子女的沟通。家长通过

与子女的沟通可以清晰地了解子女在校期间的精神状况，在子女遇到自己无法解决的问题时，父母可以及时得知，并提出一些建设性的解决对策，以一个过来人的经验帮助子女渡过难关。在子女沟通过程中，家长应该注重与子女沟通的方式，不能将自己的思想强加于子女身上，应该让子女认同其中的道理，大学生接受新事物的能力与热情远高于家长，家长发现与子女产生分歧的时候应该慎重考虑。

家长也应该多和学生辅导员沟通，了解子女在学校的学习情况，而辅导员作为大学生在校期间的管理者，通过与学生家长的沟通也会更加了解学生的生活状况，注意根据他们的情况调整教育方式，可以教育学生勤于和父母沟通情感，表达内心的真实想法，让学生了解家长婚姻的不完美是家长所应承担的责任，而子女本身所应承担的家庭责任不能削弱，对于长辈依旧需要存有感恩之心，对于恋人要吸取家长的经验教训，彼此珍惜。最终，学生在学校与家庭结合起来的共同教育下，不仅可以从学校学习到学科知识，还可以从家长的生活经验和教训中学习到为人处世的道理。

## 二、发挥学校教育的主导作用

### （一）把家庭责任意识教育纳入学校德育教学中

高校在对大学生进行思想教育时，应针对大学生家庭责任意识方面的内容以及当前在这方面存在的问题，不断加强对大学生家庭责任意识的教育。

首先，作为子女应该充分认识到孝敬父母是自身的义务，在学校期间由于离家在外，不在父母身边更应该时常与父母联系，沟通感情，孝敬父母。高校应该让大学生明白父母供他们上大学是为了让他们学习知识、学会做人，应该把更多的精力放在追寻理想上，高校要通过对大学生进行家庭责任意识教育来引导大学生形成正确的自我意识，自觉提高对父母长辈应尽的责任意识。

其次，现今高校中大学生恋爱的情况普遍存在，高校教师也不再对学生间的恋爱严加看管，但对于刚刚步入大学校门的大学新生来说，他们还没有完全熟悉大学校园这个半社会化的环境，对于男女同学间的关系往往充满了懵懂的向往。这时候高校就需要开展大学生家庭责任意识教育，传递正确的婚恋观，引导学生对恋爱关系有正确、充分的认识，懂得不能盲目开展一段恋情，要学会对自己、对他人负责。

最后，对大学生进行家庭责任意识教育还有一个目的，就是要大学生提早对毕业结婚生子后对下一代的教育产生一定的认识。今天的大学生是未来的家长。要让大学生清楚认识到子女的教育要从小抓起，只有提高自身素质，未来的子女才能够在一个优秀的家庭环境中成长。由千千万万个优秀的家庭组成的社会才会更加繁荣，我们的国家才会变得更加富强。

### （二）通过创新思想教育形式引导学生形成家庭责任意识

丰富和创新思想教育的内容和教育形式是加强大学生家庭责任意识教育的主要途径。

#### 1. 结合实际问题阐述家庭责任

当前，许多高校的思想教育理论课程运用的是传统的讲述式教学方法，教的也是传统的思想道德等一些理论性的内容，课堂氛围枯燥乏味，教学时效性相对较低。因此，高校教师就需要寻求资源积极调动学生的学习兴趣，可以通过网络资源中的一些典型案例来阐述家庭责任，让学生从中取长补短。因此，高校开展大学生家庭责任意识教育时应该通过这些典型的案例来提醒在校大学生以此为戒，应该养成良好的行为习惯，懂得感恩父母、孝敬父母。

#### 2. 开设课堂情景剧表演环节

高校教师可以在课程中设置有关家庭责任内容的情景剧表演环节，丰富和创新教育内容和教育形式。这种教学模式不仅可以让学生全身心地参与课堂学习，积极参与讨论，从自身感兴趣的方面寻找有关家庭责任的故事进行编排，让学生身临其境地感受家庭责任意识教育的重要性，还可以通过编排表演让学生间的互助合作更加紧密，认识到团结一致的价值，努力完成这一项活动。整个课堂内容也能够因此富有创新，教师可以根据学生表演的具体情节内容来带动学生发现其中存在的家庭责任缺失的问题，再结合相关的法律法规、道德伦理等来向学生阐明处理这些问题正确的方式，让学生通过形象生动的真实情境来学习家庭责任，树立起相应的家庭责任意识。

### （三）将家庭责任意识教育融入校园文化建设中

#### 1. 注重在校园内宣传引导大学生树立家庭责任意识

营造良好的校园环境与氛围也是培养大学生的家庭责任意识的重要途

径。高校要充分利用好学校的宣传设施，如在校园内建立公示展板，可以将布置展板的任务分配到各个学院，要求他们定期更新校园展板内容，其中就可以设置有关大学生家庭责任意识教育的主题，可以引入婚姻法的条例，让大学生充分了解有关婚姻关系的种种规范，树立正确的婚恋观念。

高校都有自己的校园网站作为信息发布的平台。如今，网络十分发达，已成为大学生获取社会信息的主要渠道，因此，高校应该重视利用校园网站来对学生进行全方面的教育。高校还可以开通微博账号、微信公众号等并让本校大学生多加关注，利用网络平台发布一些贴合大学生生活实际的信息进行宣传教育。可以在其中增设有关家庭情感的倾诉平台，当在校大学生遇到相关问题时，可以进行倾诉、寻找解决对策，师生间互帮互助。在校园网站中可以发布一些有关家庭责任教育的真实案例，让学生参与讨论，在讨论中学习正确的处理方式，学生也可以发布一些相关的利人利己的至理名言；校园网站还可以转载播放有益于家庭责任教育的影视资料，使学生能够直观感受到家庭责任意识的重要性。如此丰富多彩的网站内容也将吸引更多大学生积极参与其中，大学生访问量的增加也有助于更多大学生及时知悉高校通过网络平台发布的一些重要信息。

### 2. 增加大学生有关家庭责任方面的社会实践活动

大学生社团是校园内主要的学生组织，由学生自己组织管理，其开展的活动也是学生自愿参加的，它是学生集体参加社会实践活动的主要渠道。因此，各个学生社团也应积极加入大学生家庭责任意识教育的队伍之中，组织一些实践活动，如去敬老院、福利院送关怀并感恩自己拥有一个相对完整、幸福的家庭；在母亲节和父亲节，可以举办一些有关感恩父母的活动；还可以通过组织联谊活动，促进大学生之间的交流，宣传正确的交友方式，让大学生学会分辨，进而使大学生能够承担起对朋友和恋人的情感责任。

## 三、优化社会环境

### （一）利用大众传媒的正面引导，树立正确的家庭道德观念

当今社会，大众传媒已经成为影响人们生活和思想的重要因素，在传播信息的过程中应批判消极错误的价值观念，倡导积极向上的主流思想。要增强大学生的家庭责任意识，优化社会环境是非常必要的。首先，可以从最传统的传播媒体——报纸上下功夫，可以利用广告商定期印刷免费的学生报在

校园里发放，报纸中的内容可以涉及感恩教育、孝敬意识。其次，各大电视台可以制作一些有关家庭责任的宣传教育片在电视上播出，如春节前夕，电视台都会播放一些关于回家过年和亲人团聚的广告片，大学生也能够从中感受到家的温暖。最后，可以利用平面广告进行宣传，如建筑工地的围板、公交车站亭展板都是很好的传播媒介，要充分利用大众传媒的正面引导作用，在全社会树立正确的家庭道德观念。网络在传播速度和影响力方面一直保持领先的地位，而且大学生中使用网络的占大多数，所以政府应该监管网络文化传播的质量，提高大学生在网络中接触到的信息内容的质量。对于在网络上宣传不良婚恋观念的，应该通过媒体正面引导大学生理性思考，不能由着大学生听信一面之词，要利用网络宣传给大学生营造良好的环境，传递正能量。

### （二）通过相关法律制裁家庭暴力行为，保护妇女儿童的权益

如果一个孩子成长于一个经常发生家庭暴力的家庭，他的身心健康就会受到一定的伤害，难以正常发展。当发生家庭暴力时，就需要政府依照法律法规及时予以处理，惩治施暴者。只有法律做到对施暴者严加管治，制裁家庭暴力行为，保护妇女儿童的权益，才能警醒大学生以此为戒，善待他人，形成良好的家庭责任意识，与家人和睦相处，营造温馨的家庭氛围。

### （三）发挥社区等组织的调节作用，创建文明和谐社区

大学生家庭责任意识的形成和发展离不开家庭生活，而家庭生活离不开社区或其他社会团体的组织。和谐社会的构建需要每个人的共同努力，家庭是凝聚人心的源泉，社区和其他社会团体就是凝聚家庭与家庭间和睦相处的关键。当一个社区环境中发生邻里间的矛盾时，社区工作者就该第一时间站出来帮忙调解。俗话说"远亲不如近邻"，只有邻里间相处做到和睦融洽，整个社区环境才能变得温馨和睦，生活在其中的每一个家庭才会爱护这个家园中的每一件事物。社区和社会团体应该认识到这一点，发挥其组织作用，定期举办社区团体活动，增进邻里间的交流互动，增强家庭成员之间的情感交流，利用社区展板宣传邻里间文化，让大学生从中感受到和谐温馨的社区氛围。

## 四、学生通过提升自我修养努力承担家庭责任

大学生正处于人生的转型期，从一个依靠父母养育的学生慢慢成长为需

要独立生活的个体，因此处于这个阶段的大学生很容易开始忽视家庭的重要性。有些大学生会认为离开家住在学校的生活很自由，可以不受来自父母的约束与管制，对家庭的关注度慢慢降低，忽视了亲人间的情感这个最核心的家庭元素。

从最原始的部落开始，家庭关系就是人与人之间最亲密的关系，家庭是人的避风港，家庭成员间的亲情是无法被取代的。因此，大学生要经常反省自身的问题，反思自己是否认识到了家庭的重要性，在接触社会生活和学校教育后要意识到家庭永远是一个人背后坚实的靠山，不管在外经历什么样的风吹雨打，遇到什么样的艰难困苦，只有家人才会无条件地保护自己、爱护自己。所以大学生在校期间要自觉重视家庭的重要性，重视父母的牵挂与惦念，懂得家人所给予的温馨氛围，使家庭成为自己寄托身心的场所。

在开始重视家庭之后，大学生还应反省自己作为家庭一分子对家庭所应承担的责任都有没有尽到。

第一就是对父母长辈应尽的感恩责任。因为大学生还不具备经济独立的能力，所以不能够从经济上给予家长支持来减轻家长的经济负担，但父母对子女最大的期望就是过得幸福、健康、快乐，因此大学生所应该做的便是努力为自己的成长成才而奋斗，过上幸福的生活。然后便是应经常关心父母，多和父母进行情感上的沟通，感恩父母的辛劳付出。父母供养子女上学读书是为了让子女能够学有所成，作为大学生不应该将父母给予的生活费大量花费在娱乐消遣上，假期在家时也应该为父母分担一部分的家务来减轻父母的负担。大学生对就业工作也应该有足够的认识，要靠自己的努力在毕业后寻得一份谋生的职业，不可以再依赖父母。

第二，大学生毕业后通常已到了适婚年龄，需要面对结婚生子的问题，所以在校期间的大学生也应该明白对恋爱对象的情感责任也属于一种家庭责任。只有在校期间与恋爱对象建立了一种负责任的恋爱关系，尊重且珍惜恋爱伴侣，端正恋爱态度，改善恋爱行为，树立正确的婚恋观，才能够在日后的婚姻生活里对夫妻间的家庭情感责任产生一定的正确认识。夫妻间只有存在稳定的情感责任，才能够营造出温馨和睦的家庭氛围，在这样的家庭环境中孕育子女也是一种担当家长责任的表现。如果大学生能提早意识到为人父母时所应承担的责任和义务，便不会在子女出生后对子女的教育措手不及而导致子女家庭教育的缺陷，使子女没有从小养成一个良好的生活习惯。对于婚姻中出现的矛盾也应正确看待，要慎重处理婚姻关系，不能草率做出决定。一个完整、幸福、和睦的家庭生活环境对于塑造一个优秀的人才会产生很大的积极影响。

　　大学生作为成年人，已经拥有了独立思考的能力，形成了一定的世界观、人生观、价值观，如果在充分重视起家庭重要性的前提下，对家庭责任有了足够的认识，就有能力承担家庭责任。正处于转型时期的大学生向往自由，充满个性，他们对自己未来的生活充满想象，只有通过提升自我修养，努力承担家庭责任，才能在社会影响、学校教育的作用下充分承载家庭责任的重量。只有发自内心想着要学习和承担家庭责任，大学生才能真正承担起家庭责任。

# 第六章
## 当代大学生自我责任感的培育

# 第一节　自我责任感的内涵及重要性

## 一、自我责任感的内涵

### （一）自我责任感

自我责任感即个体作为责任主体，对自己负责，对自身的生存和发展负责，是指个体在承担自身生存和发展责任的过程中符合自身内心需要的情感体验和行为倾向。自我责任感是责任感的重要组成部分，人是生活在社会中的人，对自己负责也就是对社会负责。中国古代尤其重视自我责任感。《礼记·大学》："物格而后知至，知至而后意诚，意诚而后心正，心正而后身修，身修而后家齐，家齐而后国治，国治而后天下平。"齐家、治国、平天下都建立在修身的基础之上。修身不仅是提升自己的道德修养、文化修养，还要在技能、能力上有所提升。修身意味着个体有责任成为一个更好的自己，代表着一种积极向上的生活态度，反映了个体提升自身能力和道德方面的不懈追求，是对自身负责的表现。

责任感是个体的一种内在精神感情，包括个体意志、个体情绪、个体认知等，它是个体在完成任务、促进社会发展的过程中形成的，代表着个体需求的情感体会和情感倾向。自我责任感主要针对的是个人任务的完成、个体成就的实现等，它描述的内心精神是在完成的任务过程中产生的情感变化和精神体验。

### （二）自我责任感与社会责任感的关系

#### 1.自我责任感与社会责任感的对立关系分析

自我责任感的重心是个体感受和个体情感等，它指的是个体在完成生存、发展等任务时，产生的与内心需要相符合的精神体验。自我责任感的具体内容包括与个体生存相关的责任感、与个体生活质量相关的责任感、与内心需求相关的责任感、与奋斗理想和个体尊严相关的责任感、与自我升华相关的责任感等。在整个过程中表现为自我规划、自我设计、自我创造等。社会责任感是责任感的特殊分支，和自我责任感有着相同的形成过程，只是针对的服务对象不同，社会责任感的主体对象是他人、社会群体、团队等，其精神情感具有利他性、利社会性。

2. 自我责任感与社会责任感的统一关系分析

第一，这两种责任感都是人的自我感受，也就是人对自我结果和社会结果的反应，都有调整和反思自我行为的功能。不管个体表达出来的责任感属于哪类，都是为满足社会需求而进行的负责任行为，都能调节个体活动，并相互影响。从人的独立存在来说，人先要满足自我生存的需求，并对生存质量负责。如果个体无法担负起自身的生存和发展，那么他就根本没有能力去顾及他人，无法为社会负责。从个体的主观角度分析，如果个体不愿意、不主动承担自我生存的责任，那么他同样不会主动承担对他人和对社会的责任。因此，在个体的自我责任感不成熟时，他的社会责任感就不会稳固。反过来分析，当个体能够自愿、主动、积极地担负社会责任，并做出利他的行为时，他也一定会对自己负责，成为拥有自我和社会的双重责任感之人。当社会责任感根基不牢时，低等级的自我责任感就会失稳，在社会生活中不能自然显现、自我固化；同样，在自我责任感缺失的状态下，社会责任感也无法形成，不能发挥强有力的功能作用。总之，个体要对自己负责任，并形成稳固的自我责任感，为社会责任感奠定基础；相对来说，社会责任感涉及的关系更多，它的健全有利于自我责任感的改进，这两者应该在统一中相互促进发展。

第二，个体应自觉地提升自我责任感，使之进入社会责任感的境界。这两种责任感之间有着紧密的关系，代表着个体与社会之间互进式的生存关系、互促式的发展关系。如果人不与社会有联系，就无法产生关系，在相互脱离的状态下，两者的存在都将失去意义。因此，由人类构造的社会需要人这种个体，既融合，又超越。人是社会中能动的价值体，想要维系与社会的关系，人必须担负责任，为自身和社会提供服务，为生存和发展做出贡献。另外，人应不断扩展社会生活，把行为延伸到他人和其他组织中，主动担负更多、更大的责任，与他人和社会同进步。爱因斯坦曾这样描述个人生活：我们吃别人种的粮食，穿别人缝的衣服，住别人造的房子，我们的大部分知识和信仰都是通过别人创造的语言由别人传授给我们的。可见，个人存在的表象以及意义要依靠他人支撑，同时个体存在于社会因素之中，并不断从中吸收精神源和物质源。社会是个体的依附体、升华方向，自觉地积累社会责任感是个体发展的目标。

### （三）大学生自我责任感

以大学生为责任主体的自我责任感即大学生自我责任感，是指大学生对自己负责，在明确自身的社会角色和自身内心需要的基础上，对自身生存和发展具有的强烈的使命意识、情感体验和行为倾向。

大学生自我责任感相比于其他社会群体的自我责任感具有一定特殊性，这是由大学生的社会角色及其要求决定的。在自我责任感内容上，大学生不仅应把承担自身生存的责任作为基本的责任，还要把承担自身发展作为衡量自我责任感的重要指标。这要求大学生正确认识自身，树立远大的目标，把促进自身自由全面发展作为自己的目标。以大学生为主体的责任感在活动中会形成大学生自我责任感。这个概念的个体行动者是大学生，他们在承担自身责任、社会责任的时候会形成一系列心理感情、情绪表现等，进而构成自我的情感体验，表现为对自我负责，对他人和社会负责，在一切行为活动中都能明确自己的方向，形成个体独有的使命感、意识感以及体验感等。大学生内在的自我责任感与社会中其他类型的责任感不同，大学生是特殊的群体，国家对其抱有很大期望，因此他们产生的自我责任感应更强烈和丰富。在构建自我责任感时，大学生一要勇敢地承担自身生存的责任，这是形成其他责任的基础；二要努力承担自身发展的责任，把它作为自我责任感的衡量标准。基于以上要求，大学生应透彻地剖析自己，规划自我理想，使自我责任感慢慢强大起来。

## 二、大学生自我责任感的重要性

在人生中，常存于人们记忆之中并被人们从内心深处认同的事物必定具有精神层面的意义，如"真、善、美"或教育、道德与使命意识。任何认真对待生命的人，都会懂得使命意识意味着什么以及自我责任感对个人成长的重要性。如果完全去除一个人尤其是大学生自我责任感培育的因素，人就不能成为完整的人，教育也就不能成为真正有价值的教育。

大学生自我责任感培育的命题的提出是从当前我国社会道德状况评述的视角出发的，也是因为从大学生整体精神面貌中看到了大学生自我责任感的缺失，进而意识到自我责任感的培育对于大学生群体、对于整个社会及国家的命运至关重要。自我责任感问题是既是理论界的热点话题，又是现实生活中的重要问题，自我责任感是我们通常评价一个人品行的主要标准之一，直接反映了个人的思想道德素养，其重要性不言而喻。

### （一）自我责任感是健全人格的重要内容

自我责任感作为道德情感的外化表现之一，是个体对自身生存和发展负责的心理倾向，它要求个体以积极主动的心态保持自我身心健康、丰富精神生活、提高人生境界，它有益于个体形成健全的人格。

人格是指一个人的品格、品质、思想境界、情操格调、道德水平等，是个人相对稳定的比较重要的心理特征的总和。美国著名人格心理学家奥尔波特认为，一个人拥有健全的人格，通常表现为能以全面、客观的眼光审视自己；有不断发展自己的意识和能力；有战胜困难的勇气和信心；对现实社会具有较强的感知能力；在人际交往中没有太大障碍，与他人相处融洽；有一定的综合能力，具有职业目标；从长期来看，其行为特征具有稳定性。总的来说，健全的人格是一种积极的心理素质。这些特点和表现都离不开自我责任感作用的发挥。

自我责任感的前提是对自我价值的充分肯定，大学生若缺乏自我责任感，就不可能重视自身价值，更不可能为实现自身价值而付出努力，其人生观就会是消极的。正因为对自己的生存和发展负责，肯定自身存在的价值，大学生群体才会在生活、学习、工作及与他人的交往中保持积极昂扬的态度，做到自尊、自爱、自律、自强，形成健全的人格。

### （二）自我责任感是成长成才的重要条件

正确的意识能指导人们的行为，对事物发展起促进作用。自我责任感是指个体在承担自身生存和发展的责任的过程中符合自身内心需要的情感体验和行为倾向，属于正确的思想意识，自我责任感一旦产生并付诸实践，就能指导人们采取正确的行动，促进事物发展。大学生肩负着国家和民族的未来，怀有巨大的历史使命，要使他们成为积极、上进的青年，一个重要的前提就是培育大学生的自我责任感。因此，形骸躯壳的长大只是一个人成熟的生理标志，责任意识的觉醒才是人生成熟的关键。

第一，对自身负责的大学生能做到自尊、自爱、自强、自律。自尊集中体现为尊重自己，肯定并努力提升自己的价值，懂得以行动维护自己的人格尊严；自爱不仅体现为热爱、珍惜生命，注重身体、心理的健康，还体现为爱护并维护自己的名誉；自强体现为在生活、学习中遇到挫折不轻易放弃，有独立的人格和思想，通过不断努力完善自己；自律体现为在面对诱惑时，始终坚持用正确的价值观指导自己的行为，做符合内心需要的事情。所以，负责任是每个人都应具备的素质，一个人只有在听从心中职责的召唤并付诸行动时，才能发挥出自己最大的潜力，而且也能更迅速、更容易地获得成功。

第二，对自身负责的大学生会不断追寻生活的意义。大学生这一群体较之一般的社会群体肩负着社会更大的期望，然而时下一些大学生逐渐失去了对高尚精神文化的敬重与仰慕，对人生意义感到迷茫和困惑，出现了责任意识的危机。大学生自我责任感培育的出发点应该是对于精神价值的守护、对于生活意义的追寻，这也是自我责任感培育的最崇高的使命。只有明确了自身的责任，认清了精神价值的可贵，大学生才能拨开人生价值的迷雾，追寻生活的意义。

### （三）自我责任感是社会责任感形成的重要前提

社会责任感是指在整个社会中，个体对其他生活在社会中的人所担负的关怀和伦理义务，表现为个体做出的有利于社会良性发展的行为。自我责任感有利于社会责任感的生成，是社会责任感形成的重要前提。

第一，从人与社会的关系上看，人是社会中的人，社会是由人组成的，整个社会是一个密切联系的不可分割的整体，大学生除了应具有自我责任感，还应自觉提高自己的社会责任感。可以说，一个人只有先对自己的生存和发展负责，才有可能对他生活在其中的社会负责，自我责任感是社会责任感形成的基础和前提。

有较强自我责任感的大学生能爱护、珍惜自己的生命，对生命怀有无限的敬意，他们也更懂得尊重他人的生命，不恶意伤害他人的生命安全，对于社会上发生的意外事故也会更乐于施以援手；有较强自我责任感的大学生在学习、工作中能自立自强，面对生活中的困难会以一种更加主动、积极的态度解决问题，能为社会创造更多的物质财富和精神财富；有较强自我责任感的大学生会自觉提高自己的思想道德修养，能为社会带来一股"正能量"，创造良好的社会风气。这些都是有利于社会责任感形成的表现。

第二，从人的价值实现上看，人的自我责任感在人生的历程中是一切社会担当的出发点，也是证明自己价值的有利的依据，否则，实现自我只是空谈。大学生这一群体与一般的社会群体相比，更希望得到社会的认同，而社会认同最直接的方式就是你为这个社会做了什么，你有无责任感。

大学生作为社会发展传承的重要主体，承担着社会的职责，社会的目的完全可以成为个人的目的，对自我的责任感可以上升为对社会的责任感。自我责任感能够促使大学生以一种崇高的使命意识与神圣的责任感，去服务社会、影响社会。这样，大学生的生命才能成为其生活之本，对生命之爱也才能成为生活意义的根源，达到自我责任感与社会责任感的统一。这正是自我责任感的玄妙之处，也正是自我责任感培育的义理精微之所在。

### （四）自我责任感是构建和谐社会的重要途径

大学生自我责任感既有利于大学生自身的发展，又会对社会的发展起到积极作用，有利于人与人、人与社会、人与自然的和谐相处。和谐社会的构建需要全社会的共同努力才能逐步实现，大学生一旦具有强烈的自我责任感，就会为自身生存和发展付出巨大努力，并带动和促进整个社会的和谐发展。

大学生是具有丰富文化知识的社会建设者，具有强烈自我责任感的大学生通过提升思想道德修养，能自尊自爱，同时尊重他人的劳动和生命，用自己掌握的科学知识为社会创造丰富的物质财富和精神财富，树立节约能源、爱护环境等社会公德意识，以此调节人与人、人与社会、人与自然之间的关系，从而推进社会主义和谐社会的构建。

## 第二节　培育当代大学生自我责任感的对策

自我责任感培育的依据是自我责任感不是个人先天就有的，需经历个体在与社会的相互作用中不断内化社会影响，并外化成自我责任行为的形成过程。自我责任感培育既强调个体在自我责任感形成过程中的关键作用，充分发挥个体在自我责任感培育过程中的主体性和积极性，又高度重视外在力量对自我责任感形成的深度、广度的影响，是有组织、有系统的培养和教育活动。

大学生自我责任感培育是指以大学生为培育对象，以自我责任感为培育内容，在大学生成长、发展过程中对其施加持续、稳定的培养和教育。在大学生自我责任感培育中，培育主体是多样的，既包括从外部进行自我责任感灌输的培育主体，即学校、家庭和社会等，又包括从内部进行自我教育的培育主体，即大学生自身。大学生自我责任感培育的目的是通过实现大学生自我责任认知、自我责任态度和自我责任行为的统一，加强其对自身生存和发展的责任感，从而促进大学生自由全面发展。要达到三者统一的效果，就要求在自我责任感培育中不仅对大学生的责任认知进行教育和监督，还应不断完善有利于大学生责任行为实施的条件和机制。

## 一、大学生自我责任感培育原则

### （一）教育与自我教育相结合的原则

教育与自我教育相结合是现代思想教育的基本规律，两者在教育过程中缺一不可。大学生自我责任感培育要遵循教育规律，走出在实践层面忽视大学生主体性的误区，必须坚持教育与自我教育相结合的原则。

一方面，要充分发挥教育者的主观能动性，对大学生进行积极的理论强化。充分发挥教育者在自我责任感培育过程中的主导作用，要求教育者从大学生的实际和需求出发，明确大学生自我责任感的现状，制定合理可行的培育目标，选择适应大学生实际的丰富的自我责任感培育内容，并采用灵活多样的教育方法。实践证明，受教育者的积极性与教育者主导作用的充分发挥呈正相关，教育者应最大限度地启发大学生的自我责任意识自觉性，家庭、学校、社会应加深大学生对自我责任感重要性的认识，充分发挥教育者对大学生自我责任感培育的主导作用，提高对大学生自我责任感培育的关注度，为大学生自我责任感的提高营造良好的舆论氛围和生长环境。

另一方面，大学生自我责任感的增强离不开自我教育，这是大学生作为受教育者的主体性表现。要使教育走进人的内心，实现教育内容的内化，就要促使受教育者自觉自律。大学生在知识和社会经验方面已经有了一定积累，对社会施加的影响具有基本的辨别、判断能力，他们并非消极地接受教育影响，而是会对自我责任感培育内容进行充分理解和吸收，这实际上就是一个自我教育的过程。如果没有大学生的自我教育，自我责任感培育内容是不可能被大学生真正理解和接受的。

因此，自我责任感培育首要的、基本的原则就是教育与自我教育相结合，两者共同作用促进大学生自我责任感的增强。

### （二）理论性与应用性相结合的原则

之所以在自我责任感培育中要坚持理论性与应用性相结合的原则，是因为大学生自我责任感存在知行脱节的特点。当代大学生普遍具有良好的责任认知，但在责任行为的落实上存在很大欠缺。教师既要注重自我责任感培育的理论教育，又要加强自我责任感的实践教育。理论教育对于自我责任感的形成是必要的。理论来源于实践，是对实践经验的高度概括和提炼，对实践具有指导意义。理论既来源于实践又要经受实践的检验，现代社会强调理论的应用性，大学生作为社会发展的后备军，会希望能用理论知识指导自己的实际生活，在社会实践中实现自己的价值。但教育者如果一味地强调理论教育，不考虑大学生的现实需要，会使大学生对自我责任感培育产生抽象、刻板的印象。只有实现理论性与应用性的有机统一，教导大学生通过联系实际进一步理解理论，并把理论运用到实际生活中去，才能增强自我责任感培育对大学生的吸引力、感染力，使自我责任感培育取得较好的效果。教育者要鼓励大学生在生活中养成和形成对自己负责的习惯和态度，组织大学生参与有关自我责任感的实践活动，通过引导大学生参与实践、接触社会，使他们能够运用自我责任感的理论知识解决实际生活的各种问题，这样既能加深大学生对自我责任感作用的印象，又能提升大学生分析、解决问题的综合能力。

### （三）系统性与针对性相结合的原则

要全面增强大学生的自我责任感，就要坚持系统性与针对性相结合的原则。系统性是指大学生自我责任感培育的目标要明确、内容要全面、方法要多样，自我责任感培育要循序渐进、连贯地进行。在自我责任感培育的内容和方法上，要坚持理论与实践相结合，形成一个完整的自我责任感培育体系。

在坚持大学生自我责任感的系统培育时，也要注意针对当代大学生自我责任感中较薄弱的方面着重进行培育，这样才能满足大学生的不同需求，扩大自我责任感培育的覆盖面。

## 二、提升大学生自我责任感培育效果的具体策略

自我责任感是无法通过单纯的说教、灌输或自圆其说而获得的，在自我责任感培育的过程中，既需要教育者通过对人类历史和人类文化的真诚体

悟、对自我心灵的叩问把信息传递给大学生，即"由外而内"的培育过程，又需要大学生通过对自身责任的追问、对道德责任的追问、对人类责任的追问，使自我责任感演化为丰富的内心信念，把对自身的责任与对国家、民族的责任结合起来，在追寻生活意义的过程中不断深化，这是"由内而外"的演化过程。因此，进行大学生自我责任感培育，需要教育者与被教育者共同作用，这样才能真正提升大学生自我责任感的培育效果。

## （一）巩固培育主阵地，完善自我责任感发展平台

大学生主要生活在学校，而学校历来就是对大学生进行知识教育和思想教育的重要场所。因此，进行大学生自我责任感培育要抓住并巩固学校这一主阵地，使之成为大学生自我责任感发展的良好平台。

充分发挥课堂教育的主渠道作用，能深化大学生对自我责任感的认知；校园文化尤其是校园精神文化的建设是增强大学生自我责任感、认同感，改善对自我责任感态度的重要途径；建立健全学校自我责任感培育管理机制，有利于大学生自我责任感行为得到落实。

### 1.发挥课堂教育的主渠道作用

自我责任感培育是一种教育思想而非某一门具体学科，是一种教育观念而非某一种具体课程，但这并不意味着自我责任感培育可以远离课堂教育而孤立进行，相反，它必须以课堂为载体、以教学为依托。同时，课堂教育不仅是大学生获取专业理论知识的主要形式，还是其接受思想教育、获得自我责任感认知、提高思想道德水平的主渠道，要提升大学生自我责任感培育的效果，就绕不开课堂教育这一主渠道。智育和德育是教育天平的两端，要使天平保持平衡，就不能厚此薄彼，更不能抱有"专业教育是务实，道德教育是务虚"的观念，一个人要全面发展，知识和道德都必不可少。

第一，在教育内容上，积极开发隐性教育课程，实现隐性与显性教育的有机统一。教育内容不仅具有多样性、丰富性，还具有潜在性、发展性，开发空间极大。目前，我国高校对学生的德育历来以显性教育为主，并专门开设了思想理论课程加强大学生对基础知识的掌握，以提高大学生的思想觉悟，这有利于大学生树立正确的世界观、人生观、价值观。因此，必须注意使显性教育与隐形教育相结合，积极开发隐性教育课程。

隐性课程的开发可以从下列几方面入手：开发专业课程中的隐性教育因子，从专业课程中挖掘对大学生道德教育有利的因素，鼓励大学生把专业学

习与思想道德修养的提高相结合，把自我责任感培育贯穿专业知识教育中；开发实践活动中的隐性教育因子，各种课外实践活动对大学生具有特别的吸引力，同时，课外实践活动是团体性的合作项目，在活动中开展集体意识教育、互帮互助教育、意志力锻炼教育能使大学生主动接受并使其责任感得到增强；开发校园环境中的隐性教育因子，如文明的行为举止、良好的人际关系、能激起人崇敬之情的英雄人物雕像等。这些隐性教育因子对大学生道德修养的提高能起到较大作用。

第二，在教育方式上，改革课堂教育方式，丰富教育方法。方法对任务的完成至关重要，教育方式、方法要根据教育内容、教育对象而选择，但事实证明，采用灵活多样的教育方式可以增强课堂教学的趣味性，有利于学生的全面参与，有利于教育效果的增强。目前一些高校进行道德教育多以正面灌输为主，偏向于对理论进行细致的讲解和分析，这样的教学方式有利于大学生系统、全面地掌握道德认知，为提高道德水平奠定了理论基础。同时，我们也应该看到，教育效果的提升需要教育方法的创新，诸如实践教学法、典型教育法、集体探究法、情感陶冶法、情景教学法都在道德教育上取得了很好的效果，值得在课堂教学中借鉴和发展。

### 2. 加强校园文化建设尤其是校园精神文化建设

校园文化是一所学校在其长期办学过程中，由学校教学机构和管理机构及其工作人员，以及学生群体在特定的环境下相互作用、相互影响而形成的。校园文化能代表学校的独特气质，是校园精神的集中体现，并为学校师生所认同和遵循。校园文化作为师生共同提炼的"精神养料"，对大学生具有激励、凝聚、监督的作用。首先，校园文化以潜移默化的形式对生活在其中的大学生产生深刻的影响，通过举办丰富多彩的校园活动，营造良好的文化氛围，建立和谐的人际关系，校园文化的感染力得到了增强，能提升大学生对知识的兴趣、对生活的热爱，使生活在校园中的大学生保持昂扬的斗志和积极进取的状态，激励大学生不断前进。其次，校园文化是由全校师生共同创造的，它无声无形却又体现在校园的每个个体身上，满足个体的精神需求。它体现了群体意识和个人意识的完美结合，能唤起大学生对学校的归属感，把个人目标和学校目标结合起来，成为一股以共同价值观念为基础的强大精神力量，具有极强的向心力。最后，校园文化渗透在校园各个活动之中。校园文化活动不仅对大学生有着独特的吸引力，还有利于大学生主体性的发挥。校园文化影响着大学生的思想观念、价值取向、行为方式，当大学生的行为符合校园文化所提倡的价值观时，就会得到周围人的肯定，从而顺利完成工作；相反，如果大学生的行为背离了校园文化的价值理念，就将受到教师及同伴的批判。因此，良好的校园文化能监督大学生对自己的行为负责，成为一个有自我责任感的人。

校园文化包括三个方面：校园精神文化、校园物质文化和校园制度文化。其中，校园精神文化代表了校园文化的精神内核。校园精神文化是学校师生精神面貌的反映，是一个学校软实力的象征，对学校教育教学和管理工作具有指导意义，因此目前各个学校都极其重视校园精神文化的建设。第一，顺应时代潮流，传承和创新校园文化。传承是创新的基础，创新是传承的目的，高校是社会文化的集中地，校园文化的创新要立足于学校发展和学生实际，紧跟时代步伐。例如，当前网络对大学生的影响越来越大，鉴于网络的"双刃剑"作用，学校应对大学生展开网络知识与网络思想教育，以纯净学生思想并将优秀网络文化纳入校园文化之中。第二，增强亲和力，拓宽师生参与渠道。校园文化是以文化活动为主要载体，以渗透为主要方式发挥作用的，师生通过参与文化活动，如课堂教学、社团活动、学术讲座等领会并吸收校园文化包含的价值观，从而提高文化素质和思想修养。还可以通过社会调研、科技竞赛、建立教育基地等多种方式增强校园文化的感染力和亲和力，营造自我责任感培育的校园精神文化氛围，起到春风化雨的教育效果。

### 3. 建立健全学校自我责任感培育管理机制

大学生自我责任感体现在其日常生活的诸多方面，要达到全面增强大学生自我责任感的目的，就需要加强对大学生自我责任感培育的系统管理，建立健全学校自我责任感培育管理机制，保证大学生自我责任感行为真正落实，主要包括加强自我责任感培育规范建设和建立自我责任感培育评价机制。

（1）加强自我责任感培育规范建设。要对自我责任感培育的实践经验进行总结，将对大学生自我责任感的具体要求制定成系统、可行的规范，为自我责任感培育提供依据。自我责任感培育规范不仅要符合大学生思想实际，还要体现时代性、科学性。一方面要包括对坚守责任、遵守规范的大学生进行表彰的制度；另一方面要包括对投机取巧、不负责任者进行惩罚和纠正的措施，使自我责任感培育做到有章可循，使自我责任感规范不流于形式。

（2）建立自我责任感培育评价机制。以往的评价机制都是以考试成绩为主要参考标准，以分数定高低。评价方式是否科学不仅关乎评估结果是否可信，影响大学生对教育的接受程度高低，还关系到高校自我责任感培育的价值导向是否科学的问题。科学的评价方式有助于大学生把外在的考试压力转化为获得知识、提高修养的内在动力。大学生是教育活动的主体，要关注其主体性，以科学的方式对其自我责任感进行考评，使考评机制能最大限度地调动大学生的积极性，可以采用考试与实践活动测评相结合的方法，或以团体合作的方法进行生生互评，根据大学生本身的特点和自我责任感培育的规律，使评价标准兼具科学性和可行性。健全的评价机制可以增强大学生自我责任感的执行力，避免评价的简单化和流于形式。

## （二）立足大学生主体，推动自我责任感主动生成

之所以强调大学生自我责任感培育，不仅是因为自我责任感培育对大学生、对社会乃至国家具有重要意义，还是因为自我责任感是大学生的内在需要，即对生活意义的不断追寻。追寻生活的意义，其本质于体验生活自身对人的价值，只有当我们预设了比生命本身更高的责任的处所，我们的生命才能成为生活之本，对生命之爱也才能成为生活意义的根源。提高自我责任感是大学生自身的精神需求，也是大学生对社会期望的最好回应。

### 1. 正确认识自我，评价自我，激励自我

（1）在社会实践中成长，认识和理解自我责任的价值和意义。应帮助大学生剖析自己、知道自己的能力，这是引导他们正确学习的出发点。大学生的知识储备较多，正在不断实践中变得成熟稳固，不过他们接触社会的时间不多，并具有间断性，他们的知识能力还没有获得实践的全面认可。在参与社会活动时，大学生应根据自身能力找准位置，渐进式地培养自我责任感。大学生在模仿他人的自我责任感的行为时，应将自己的独立思想融入其中，有意识地主导自我责任行为，学会负有责任感地服务社会，积极投入自我责任感培育，在不断的学习和实践中认识到自我责任感的巨大价值。

（2）用社会实践的成果评价自己，构建自身的责任标准。大学生在生活和学习中会与社会有很多接触，当大学生做的某件事有益于社会、他人或者集体时，大学生会得到榜样般的待遇，进而在心理上、情感上获得极大的满足和鼓励；相反地，当大学生意志不坚定，用漠视、回避、逃脱等行为处理事件时，不仅自己会内疚后悔，还会遭到他人的责备和奚落。在这种实践过程中，大学生可以明白道德、责任是什么，如何做是社会认可的方法，他们会通过长期的学习和积累找到负责任的价值标准。

2. 树立正确内化意识，逐渐养成外化习惯

大学生应该知道责任感的地位和价值，有意识地主动接受培训，让自我的责任感力量更强大。在大学生自我责任感培养的过程中，大学生是主动因素，同时也是主导因素，他们需要将内在的思想理论转化为外在的责任行为，在自我需求、外界督导等的刺激下形成责任标尺，作为今后活动的参照，激励、约束自己。同时，大学生应充分利用社会实践，让各种事件成为责任感形成的载体，并在不断的活动中养成承担责任的习惯。

（1）逐步健全自我意识，主动培养内化能力。自我责任感的培养需要与消极因素作斗争，大学生应分析自我意识中的不利因素，努力对其进行削弱，使自我的心理调节良好进行。用平和的心态评价自我，科学地统一现实中的自我和理想中的自我。在培养中有意识地倾向意志力、自评力、调控力等的提升，用责任磨炼自己，使自我修养、自我价值达到最高境界。当处于宽松环境中时，大学生不能被懒散等因素诱惑，要做到自我监督、自我遏制、自我管理，稳固自己的责任感。另外，大学生的素质水平不同，应该按照实际，有针对性地设计责任感培养方案，摒弃利己行为、懦弱行为等，用坚强、韧性鼓励自己，用科学手段提升内化能力。

（2）平和评价自我，养成外化责任行为的习惯。大学生有独立思考的能力，在看待问题、评价问题时眼光独到。大学生有自我评价的基础，在承担责任方面能够分辨是非，有增强自我责任感的想法和欲望。在进行自我发展时，大学生会通过个人风格、为人处世风格等来展现自己，获得他人和社会的正向评价，以此不断提升自己的能力。大学生会用积极的行为来评价自我，也会评价外界，并用自我意识和价值观改造动态中的责任感，养成外化行为的习惯。

上述的外化和内化表现具有专属性，需要由大学生自我操作并完善。大学生只有在理论知识的支持下，正确对待社会舆论，定期进行自省，接受他人的评价，学会时刻调整、时刻检查，对比分析自我和他人间的差距，才能获得发展、获得新生，从而进入最高的价值境界。

3. 加强自我责任感的实践

履行自我责任感的主体是当代大学生。第一，大学生要从自身内在的实际需求出发，在学习之余多参加学校组织的有关自我责任感的社团活动或青年志愿者实践活动，将自我责任感的认知运用到承担自我责任的实践中。大

学生自觉自愿地参加实践活动，发挥自身的特长，手脑并用，就能够在关心及帮助他人的实践中培养自己的独立性和创造性。参加实践活动，一方面可以激发大学生的自我责任意识，有助于大学生发展个人兴趣，践行自我责任；另一方面能增强大学生自身的体质，调节大脑和心理，提高学习效率，使其认识到自己生命的意义所在。进而真正做到"认识自己、接纳自己、欣赏自己"，增强自身生存和发展的责任感。第二，拥有自我责任感的大学生要学会树立人生理想。在发展过程中，大学生需要个人理想激励自己实现自我超越。个人理想代表着对生命的期盼，对学业成就、未来职业、道德人格和生活品质的追求。大学生实现个人理想亦是承担自我责任的表现。具体来讲，要实现个人理想，就需要大学生制订人生规划。将人生目标划分为若干个阶段性目标，付出努力，逐个完成。个人的理想是不断发展变化的，大学生要学会依据自己的能力和兴趣等实际情况，对自己的理想适当地进行调整，缩小理想与现实之间的差距，促进理想的实现。总之，实现理想的道路只有一条，即脚踏实地和全力以赴。大学生在实现理想的道路上，需要不断增强自身的能力，提升自身的素质，认真做好身边的每件小事，承担起自身应尽的责任。

### （三）夯实培育基础，关注自我责任感生长起点

大学生自我责任感是在家庭的"土壤"中生长起来的，家庭是自我责任感的生长起点，家长的思想观念、行为方式和教育方式都会在潜移默化中影响大学生对自我责任感的认知和态度。家长通过改善教育方式，给予子女程度适当、内容全面的尊重和关心，能帮助子女形成良好的自我责任认知；家长建立和谐的家庭人际关系，有利于大学生自我责任感态度的改善；家长还要以身作则，发挥示范作用，为大学生落实自我责任感行为树立榜样。

#### 1. 父母引导子女树立自我责任感意识

第一，自我责任感意识是自我责任行为的先导。父母在教育子女时要善于站在子女的角度，接纳子女的错误，例如面对问题时，父母应在保持平静的前提下，引导其思考如何改正错误，依靠自己的思维和能力解决问题，避免错误再发生。这样，子女在思考和解决问题的过程中就自然而然地树立起了自我责任感意识。第二，父母应学会利用鼓励引导子女树立自我责任感意识。鼓励和赞扬是不同的，赞扬只会让子女依赖父母的外在评价，而不相信自己的内在智慧和自我评价；而鼓励则会让子女孩子相信自己有做正确的事

的能力，能使子女增强树立自我责任意识的自信心。父母应通过鼓励教育子女犯错误只是学习和成长的机会，不需要感到羞耻；而子女应通过接受鼓励学会自觉树立自我责任感意识，从而勇于承担自我责任。

### 2. 父母坚持培养子女责任担当的教育理念

培养子女责任担当的教育理念要求父母在教育子女时教会他们依靠自己的力量寻求解决问题的方法，而不是一味逃避；教育子女认识到要改变而且必须先改变的是自身的思想观念和能力。家庭中，正确的教育理念会对子女的发展产生潜移默化的影响，要想让子女有自我责任感，父母先要考虑采用恰当的教育方式。父母培养子女的自我责任感时，要让子女学会自己决定自己要做什么，而不是想着干涉他们的事情。父母对子女责任担当的培养是一个潜移默化的过程。

首先，父母要用行动代替言语说教。父母对子女不停地唠叨只是错误地把责任交给了子女，他们会对父母的话充耳不闻；当父母开始少说多做时，子女便会静静地关注到父母并自觉改变自身的行为，学会担当自我责任。其次，父母要扮演好倾听者和沟通者的角色。倾听是最有效的沟通方式，父母应多倾听子女的诉求，这样才能真正了解子女内心的需求，引导子女成为更好的独立思考者和行动者。父母在倾听和欣赏子女的过程中，可增进亲情，与子女共同成长。再次，父母要懂得"共情"。当父母与子女面临矛盾分歧时，父母要耐心与子女沟通，感受子女的想法。父母需要做的是为子女提供有限制的选择，而不是替他们解决问题。父母应教育子女在面临困难时，要自己专注于寻找问题的解决方法，自己想出办法，而非依靠父母的决定。最后，父母要学会坚持到底。用行动坚持到底不仅能让父母教给子女有价值的生活技能，还能减轻子女的挫败感。具体来讲，父母坚持培养子女责任担当的教育理念，一方面，父母要多关注子女的行为而不是言辞；另一方面，当父母选择坚持时就是在积极主动地影响子女的自我责任感意识。因此，父母的坚持到底的行动能强化子女承担自我责任的意识。

### 3. 父母树立榜样示范

在家庭教育的过程中，父母要尽可能学会及时转变自己的角色。父母不要总是高高在上，永远把子女当作"孩子"看待。必要时，父母要以平等的身份面对子女，扮演子女"朋友"的角色。父母应该常以对话交谈的形式与子女进行情感的交流，与子女互动，减轻对子女的束缚。在生活中，父母要改变长辈态度，自觉尊重子女的人格；努力营造出温馨、和谐、轻松、愉悦的生活氛围，让子女的主体性、独立性、能动性和探究性得以提升，培育子女的自我责任感。

首先，父母在生活中应做到为自身的一言一行承担责任，为子女树立良好的榜样，以榜样的力量引导子女形成自我责任感。美国耶鲁大学的相关研究表明一个好父亲胜过两百个老师。可以说，父母的言传身教对于子女自我责任感的培育有着重要的作用。

其次，父母要善于发现子女的潜在素质和闪光点，不以"成绩优秀""名列前茅"等为唯一的标准衡量子女。要避免一直强调子女的"弱点"，更不要为子女规划人生，应让他们自己去开拓。在实际生活中，父母应该调动自身对生活和工作的积极性，以热爱生活的态度探索未知，做到以身作则。

再次，父母应懂得用"后果"督促自己和子女，及时表扬子女的优点，制订家庭中"自我管理"的方案，在特定的环境中亲自进行示范，引导子女形成强烈的自我责任感。

最后，父母应该了解子女的性格和兴趣等，依据子女的个性特点，施以恰当的责任感培育，做子女的慧眼伯乐，维护和发展子女的兴趣。例如，教育子女以坚强的意志面对生活中的荆棘道路，学会对自身的言行举止和思想负责。在遇到困难时，父母应做好表率，着手寻求解决问题的方案，而不是选择逃避。

### （四）拓宽培育渠道，优化自我责任感成长环境

社会观念的变化会深刻地影响到道德教育意义关注点的变化，同时也会引起自我责任感培育的变化，自我责任感的培育是道德教育的一个重要环节，也是社会良性发展的必由之路。

自我责任感的培育对于现实道德状况的意义是，通过对个人责任的追问、对人类责任的追问、对道德责任的追问，将自我责任感演化为丰富的内心信念，激励自己追寻人生意义，进一步升华为对民族精神和人文理想的坚守。社会为大学生自我责任感培育提供了多种渠道，是大学生自我责任感培育的重要环节，当前必须拓宽大学生自我责任感培育渠道，优化自我责任感成长环境。加强对大众传媒的引导，提供良好的舆论导向，能对大学生自我责任感认知的提高起促进作用；社会主义核心价值观教育的加强能够使社会环境得以优化，从而改善大学生对自我责任感的认同态度；应建立并完善责任追究法律法规，为大学生实施自我责任感行为提供制度保障。

# 第七章
# 新媒体下大学生责任感培育的探索

# 第一节　新媒体与大学生责任感培育的解析

## 一、新媒体的含义与特点

### （一）新媒体的含义

新媒体概念最早是由美国哥伦比亚广播电视网技术研究所所长戈尔德马克提出的。随后，"新媒体"这一词语逐渐在世界范围内流行起来。虽然经过长期的发展，但学术界对新媒体的定义还未形成统一的认识。目前，新媒体已在人们日常生活中广泛应用，由此在不同的领域形成了对新媒体的不同认识和理解。最初，联合国教科文组织将新媒体认定为"网络媒体"。我国学者熊澄宇认为，当前我们提及的新媒体主要是指在计算机信息技术发展基础上出现的一种新的媒体形态。学者宫承波则从不同角度对新媒体进行了界定，指出狭义的新媒体主要是随着技术发展而逐渐兴起的媒体；广义的新媒体是指利用数字技术、网络技术，通过互联网、宽带局域网、无线通信网、卫星等渠道，以及计算机、手机、数字电视机等终端，向用户提供信息和娱乐服务的传播形态。学界关于新媒体的定义并未达成共识，本书认为新媒体是一种技术和媒体形态的创新，既延续了"旧媒体"的特点和技术，又更新了媒体的应用模式。新媒体利用其新技术、新方法在媒介传播上的优势，以其传播的即时性和快捷性不断更新和创新，最终形成人们赖以生存的新媒体模式。因此，对于大学生责任感的培育，新媒体的发展必然会带来空前的影响。

### （二）新媒体的特点

#### 1.即时性与快捷性

传统媒体因为在传播过程中受到时间和空间上的制约，所以无法做到及时有效，从而导致信息传递出现滞后性。而新媒体的即时性与快捷性是其最大的优势与特点，传播的无限性和无地域性使得新媒体具有明显的竞争优势，并且能够在任何时间与空间引起涟漪，突破对于某个特定时间与空间的依附性。新媒体的接受者可以在任何时间和空间接收到新媒体所传播的信息，就算身处天涯海角也可以了解到世界各地的即时信息，不需要通过纸质媒体等落后的传播媒介，通过一个电子显示屏或者一段语音、几段文字就能够瞬间接收到最新鲜的新闻信息，也就是"秀才不出门，便知天下事"，以"百度"等搜索引擎为主的新媒体也已成为人们接收信息的习惯形式，新媒体的即时性与快捷性就体现在此，如今空间和时间都已经不再是信息传播的阻碍。

### 2. 开放性与共享性

电力媒介使地球"缩小"。同样地，媒体媒介也会使地球"缩小"。正如当代人不可缺少的一部分——互联网，如今遍布世界各个角落，已经将整个世界连接到一起，信息的海量绑定使地球成为真正的地球村，人们可以接收到更加开放的信息，包括世界新闻、娱乐新闻、学习资讯等。接收到的信息越广泛，人们就越能及时共享身边的信息。最终，人就成为海量信息的传播者和分享者，社会也会因新媒体而整合。

### 3. 无边界性

在某些情况下，因素和结果互相影响形成的因果关系被称为效果，而能够形成特定的效果正是新媒体必须具有的特征或者说是特性。在特定时间段的某个特定区域，新媒体的某个因素影响了人的视觉或者听觉，让人接收到了信息，引发了对应的结果，这便是新媒体的功能。网络作为一种从 20 世纪末兴起的特定载体，早已经对人的生活产生了巨大的影响，并且在特定的时间段使人们有了特定的生活方式。正是因为新媒体具有这种魅力，所以在未来新媒体的概念也会随着人们生活方式的发展而变化，成为全世界用于传递信息的主流媒体。

## 二、新媒体环境与大学生责任感培育之间的关系

新媒体环境与大学生责任感培育之间的关系是相辅相成、相互促进的。一方面，使用新媒体可以增强大学生责任感培育的效果。在新媒体技术的支持下，大学生责任感培育的内容变得更加丰富，形式更加多样，丰富的内

容、多样的形式更能够吸引学生参与，从而强化大学生责任感培育，进而增强大学生责任感培育的效果。另一方面，大学生责任感培育效果的增强会对新媒体的发展起到促进作用。大学生责任感培育效果的增强表明大学生已经从内心认可了这种情感，一个具有高度责任心的人会将这种情感内化于心、外化于行，通过自己的行为选择表现出来，同时，其行动力、执行力与创造力都会远远强于一个没有责任心的人。在这样的条件下，社会生产力必定会快速发展，新媒体作为社会生产力中的一种，必然也会得到发展，故而大学生责任感培育的效果会间接影响到新媒体的发展。由此可见，新媒体的发展与大学生责任感培育之间是双赢的良性发展关系。

## 三、新媒体在大学生责任感培育中的重要作用和价值

### （一）新媒体有助于拓展大学生责任感培育的载体和平台

#### 1. 利用新媒体本身的优势，拓展大学生责任教育意识的有效载体

新媒体作为教育条件和支撑，为大学生责任感培育提供了良好的平台。一方面，能够延续传统媒体的主要作用，继续在各大高校开设思想教育课程，在课程当中可以组织相对完善的实践活动和必要的理论学习等；另一方面，可以充分利用新媒体这一创新型平台革除传统媒体的弊端，创造学生乐于接受的创新型新媒体教育平台，将主流媒体的作用发挥到极致，搭建大学生责任感交流与宣传的教育网站和网络论坛社区。

#### 2. 能够打破时间和空间限制，实现信息传递的及时交互性

移动设备和即时通信软件，如微信、钉钉等的出现为实现大学生教育和社会责任教育提供了可能性。新媒体传输信息不会受到干扰导致传输中断，并且信息的接收和传达是同步的。在大学生责任感培育的过程中，以计算机、手机等设备实时与大学生进行交流和沟通，能够起到及时有效的引导和教育大学生的作用，达到模拟社会生活的目的，增强大学生的社会责任归属感，使大学生在这样的体验下加深对大学生责任感的理解。

#### 3. 改变传统的封闭模式，形成教育模式的开放性

新媒体在时间、内容、沟通方面都表现出较强的开放性。第一，受教育的大学生主体能够使用最新、最权威的网络教育资源，丰富了教师的教学内

容。第二，在自由开放的网络社会中，每个人都可以随时随地发布信息、接收信息，教师不再是知识的唯一所有者和传播者，打破了传统教育的教学方式和理念，学生在网络平台上可以利用在线资源搜索、论坛交流等途径获取知识和信息，这就形成了集个性化、开放与互动于一体的新型教育模式。

### （二）新媒体有助于激发大学生主体能动性和积极性

#### 1. 能够提升大学生的责任认知水平

新媒体能够在一定程度上提高大学生的认知水平，提高大学生的责任意识、深化责任感培育。首先，新媒体能够深化并丰富大学生的角色体验。社会上没有抽象的个人，只有扮演着各种社会角色的具体的个人。新媒体有助于提高大学生对社会角色的认识，增强他们的责任意识，促进他们责任感的形成。其次，新媒体有助于发展大学生的民族精神，深化爱国主义教育。新媒体上的种种爱国教育资源有助于深化爱国主义教育，营造爱国氛围，使大学生将个人理想追求和祖国未来紧密结合，提高个体的归属感和责任感。最后，新媒体能够加强公民的责任意识教育。可以借助新媒体教育和引导大学生明确公民的责任意义和目的所在，做一个负责任的公民，正确对待个人的权利与社会责任，合适地处理与他人和社会的关系，树立全面的奉献精神，维护社会整体的利益，促进社会和谐发展。

#### 2. 能够强化大学生的责任行为

在大学生责任发展的过程中，最重要的是教育并引导他们养成良好的行为习惯，并将其外化为实际行动。真实的社交生活有助于大学生形成责任感，为观察和感受生活做准备。当他们积极融入社会实践中后，就会真正理解责任是什么，逐渐养成自觉履行责任的习惯。

#### 3. 有助于消除大学生心理上的顾虑，增强大学生的主体能动性

在现代新媒体的环境中，人与人之间多通过网络以文字的形式进行沟通，虚拟的环境有助于缩短双方的心理距离，消除面对面沟通时会产生的心理障碍，双方可以畅所欲言。同时，新媒体也为师生间的有效沟通搭建起平台，在其帮助下，大学生面对的社会责任主体也是大学生，与他们聊天、交朋友能够缓解大学生在面对面沟通时会出现的紧张心理，进行较为深入的交流；另外也能让教育工作者真正融入大学生的精神生活中，并且了解他们对

大学生责任的认知水平和实践的现状，进行针对性的指导和沟通。

**4. 避免直接"输液"，提高大学生责任感培育的积极性**

新媒体技术的发展能够使大学生的教育内容和责任内容越来越多样化和鲜活。新媒体可承载音频、视频，还可模拟情境，从而对视觉与听觉产生更为全面的影响，使得教育更容易被大学生所接受。在新媒体环境下，学生可以通过手机、笔记本电脑等移动通信设备及时了解责任感的相关资讯，由被动的灌输式学习转为主动学习，由原来缺乏积极性的学习转变为兴趣引导式的学习。教育方法的灵活性和丰富性也会在很大程度上有所提高，使大学生更容易接受。

**（三）新媒体有助于整合多方资源，构建教育合力**

**1. 新媒体技术的广泛应用对教育主体提出了更高的要求**

新媒体技术的广泛应用要求接受大学生责任感培育的大学生必须不断提高新媒体的使用率，主动探索网络信息资源；要求教师及时更新教材，采用新媒体环境下流行的方式引导和教育当代大学生。在新媒体平台的交流环境中，教育者和被教育者的角色是可以相互转换的。众所周知，新一代青年利用新媒体的能力更强，掌握、吸收新媒体信息的敏感度也很高，因此，在新媒体平台的教育课堂中，大学生可以做课堂的主人，利用新媒体获得更多知识，与同学交流讨论，增强责任感。高校应该努力开设有关媒体素养的课程，提升学生使用新媒体学习、利用网络资源的能力，引导学生充分发挥"领袖意识"，使学生有变成课堂真正主人翁的意识，提高学生参与度，形成更大的影响力，使学生真正从内心形成提升责任感的意识。

**2. 教师能够树立开放式教育理念**

在利用新媒体开展高校思想教育工作的过程中，教师应该树立开放式教育理念，让学生在思想观念上受到影响。然而现代化教学要求教师改变教学理念，由硬性化教育管理转变为开放式创新式的教学，给学生更多空间及乐趣。如今网络文化的发展丰富多彩，教师在教学中需要积极利用新媒体教学道具及具有时效性的新媒体传播的优秀文化内容使大学生责任感培育的思政课堂更加丰富有趣。然而新媒体具有两面性，教师也应该对新媒体的内容进行筛选，取其精华去其糟粕。

3. 校园能够整合网络资源，为大学生责任感培育提供思想保障

如今，校园网络资源十分丰富，能够为大学生责任感培育提供源源不断的思想保障。培育大学生责任感的主体从高层到基层包括国家和教育部门、学校、家庭及个人，要提高大学生责任水平需要多方共同努力，形成教育合力，并建立多位一体的教育培养体系。然而网络是复杂的，尤其是大学生的价值观和世界观还未成熟，对于网络资源缺乏判断能力，极易误入歧途。因此，高校教师在利用网络资源时，一定要采用正确的手段，通过合理的渠道对信息进行搜集与处理。除此以外，教师还要提高自身素养，积极学习新媒体技术，引导学生充分利用新媒体平台提升责任感。

# 第二节　新媒体下大学生责任感的培育策略

## 一、新媒体下大学生责任感培育的特征

总体来讲，在新媒体环境下进行的大学生责任感培育具有培育对象平等化、培育内容丰富化、培育方式多样化、培育环境复杂化四个特征，具体表现如下。

### （一）培育对象平等化

在新媒体环境下，大学生责任感培育的对象平等化主要从以下两点体现。一是传播对象的平等性。这里的传播对象既包括传播主体又包括传播客体。而新媒体的传播恰恰打破了这种不平等。每一个有独立意识的个体都可以根据自己的想法使用新媒体进行去表达，这种表达不受知识的约束也不受等级的限制，是一种完全平等的表达。这一方面标志着信息社会的不断向前，另一方面标志着人类社会的进步。在运用新媒体对大学生进行责任感培育的时候，无论这个大学生是优秀的还是不优秀的，他所接受的责任感培育的形式与内容都是一样的。

二是传播过程的平等性。这个平等性主要表现为新媒体是一个双向交流的平台，每一个用户在传送信息的同时，也在接收着来自他人的信息，即其既是信息的传播者也是信息的接收者。与传统媒体单向传播的特性相比，这种双向交流的过程能够及时得到反馈，打破了人们接收传统媒体信息传播的

被动性和权威性，效果不言而喻。运用新媒体对大学生进行责任感培育，培育的过程是双向的，这种双向的过程可以使培育的效果更加显著。

### （二）培育内容丰富化

新媒体内容的丰富性决定了在运用新媒体对大学生进行责任感培育时，其培育内容具有丰富性。与传统的媒体形式相比，新媒体一个重要的特点就是媒体内容丰富。例如，在对大学生进行责任感培育时，以往的培育内容可能仅限于国家的一些政策方针，对于学生来讲，可能会比较难以理解，但是现在，在新媒体技术的支持下，信息的活跃度大大提高，一些贴近学生生活的事例得以引入。同时，新媒体还具有很强的交互性，接收到的信息不受时间、空间限制，使内容变得更加丰富多彩，进而对大学生责任感的培育产生有利影响。

### （三）培育方式多样化

新媒体载体形式的多样性决定了在运用新媒体对大学生进行责任感培育时，其培育方式具有多样性。以往高校对大学生进行责任感培育的主阵地是课堂，准确来讲是高校课程设置里面的思想理论课课堂，传授的形式主要以教师上课为主，即"教师讲、学生听"的传统的教学形式，这种形式很容易使学生兴趣消退，培育效果不明显。将新媒体技术应用到课堂中，可以将传统的授课形式变得更加生动有趣，吸引学生的注意力，进而提高学生的课堂参与度，如利用新媒体进行网络签到、网络互动等。同时，在不影响学生正常作息、学习的前提下，还可利用新媒体在线下开展"第二课堂"。"第二课堂"不像传统课堂即"第一课堂"受时间、空间的限制，可以让学生随时随地都能够学习到相关内容。"第二课堂"的开展正是借助了新媒体载体形式多样的特点。除了"第二课堂"，还应有其他的形式，如当前很多高校都在使用的学习通、超星在线开放课程等。这些形式的运用能够大大提高大学生责任感培育的效果。

### （四）培育环境复杂化

新媒体的虚拟性特点决定了在运用新媒体对大学生进行责任感培育时其培育环境具有复杂性。运用新媒体对大学生进行责任感培育，除了国家、教育部所要求的一些主流媒体以及学校所采取的一些新媒体形式，还有一些网络上非正式组织所传播的载体形式。国家、教育部以及学校要求的新媒体形式毋庸置疑是正确的、科学的，但网络上一些非正式组织所传播内容的正确性和科学性就有待商榷。新媒体所具有的虚拟性会使大学生、教育工作者很难确定这些信息来源的真实性，从而给大学生责任感培育工作的进行造成很大的阻碍。

## 二、新媒体下增强大学生责任感培育应遵循的原则

### （一）实践性原则

实践性原则是新媒体环境下大学生责任感培育应遵循的一个基本原则。在大学生责任感培育的过程中，要将责任意识、责任感外化为责任行为就必须通过实践这一环节。高校教育者要充分发挥实践这一环节的价值，原因是理论教育的价值最终体现为实践价值：一方面，高校、社会要积极引导学生去参加更多实践活动，将责任感体现在责任行为上面；另一方面，学生自己也要主动出击，在实践中有意识地长知识、增本领，进而增强自身的责任感。

### （二）育人性原则

在新媒体环境下，大学生责任感培育中的"培育"一词尤为重要，因此在培育过程中必须坚持全员育人、全过程育人、全方位育人的育人原则。"全员育人"是指学校领导、行政人员、辅导员、任课教师、后勤服务人员等全体职工都要加入育人工作队伍中，主动承担育人责任，真正做到教书育人、管理育人、服务育人相结合，形成一个完整的高校育人工作体系，使大学生直接或间接地受到责任感培育，从而促进大学生成长成才。"全过程育人"指的是思想教育工作要贯穿学生学习和生活的全过程，同时还要关注学生身心成长过程中不同阶段的不同特点。"全方位育人"即以立德树人为中心，使育人主体协同配合，充分利用各种育人资源、育人要素，并营造有利的育人环境，带领学生走入各种含有育人功能的环境中，使学生在德、智、体、美、劳等方面得到全面发展。在大学生责任感培育的过程中，除了教师、学校、家庭等，新媒体也是"全员"中的一员、"全过程"中的一个点、"全方位"中的一个方面，这样可以大大地提升大学生责任感培育的效果。

### （三）渗透性原则

渗透性教育是教育主体在充分尊重教育对象主体地位的基础上，将教育内容融入一定的教育载体中，营造一定的教育氛围，让教育对象在潜移默化

中接受教育的一种隐性教育方法。渗透性教育与"隐形课程"等概念有很多相似之处，都是通过潜移默化、润物无声的形式对受教育者产生影响。坚持渗透性原则需要从以下几方面做起。一是正面引导和潜移默化相结合。利用新媒体对大学生进行责任感培育时，主要方面是利用新媒体宣扬社会主义主旋律，次要方面是在一些没有那么显眼的地方宣传与主旋律相关的内容，以期让学生在使用新媒体的过程中，时时刻刻都能感受到主旋律的存在，从而达到润物无声的效果。二是坚持物质层面与精神层面的结合。例如，在高校校园中，广播播放的内容、教学楼上的标语、宿舍文化墙的内容、教室精神墙的内容等都可以采用一些与责任感相关的宣传内容，在整个学校内营造强烈的文化气息和氛围，让身处校园之中的大学生在不知不觉间就受到影响。新媒体庞大而又复杂，其中的内容包罗万象，经常使用新媒体的大学生必然会受其影响，这种影响就是渗透性的。因此，在对大学生进行责任感培育时，也应坚持渗透性原则。

## 三、新媒体下增强大学生责任感的路径

新媒体下加强大学生责任感培育是一项系统性工程，需要政府、社会、高校以及大学生自身共同参与，这样才能在一定程度上有效地规避新媒体自身的弊端，释放其在教育中的重要价值和作用。

### （一）科学履行监管职能

#### 1.科学建章立制，实现新媒体运行的有章可循

在这个离不开互联网的时代，完善相关法律法规、提升人们的道德规范是和谐社会发展的重要基础，符合社会主义核心价值观。但由于新媒体的急速发展，在许多法律法规和规章制度方面出现了严重的空白区，如新媒体平台上在线传播的信息种类繁多，包括一些暴力等信息甚至是报复社会的信息，但针对这些不良信息的惩处问责制度尚未建立或者落实不到位，因此，浏览这些信息的大学生将不可避免地受到影响，这会对培养他们的社会责任感的效果产生严重的负面影响。因此，政府层面要积极出台与新媒体相关的法律法规和监管制度，执行在相关法律法规时政府要做到严格地监管各部门的落实程度，对于在其位不谋其职的工作人员要严格处理。

另外，政府要注重对网络安全的维护，明确奖惩制度：由于在新媒体平台上会有很多不法交易，对于违反网络安全交易的用户群体要进行严厉打击

惩罚，对于信誉良好的用户群体可以积极给予奖励，假设每个用户都有自己的账号和积分，积分较高的用户使用新媒体平台时就会有更多优惠，积分过低的用户就会被各大新媒体平台加入限制使用的黑名单。

2. 加强队伍建设，提高新媒体监管指导水平

从受教育者接受教育的情况来看，最主要的影响因素是教育者自身拥有的理论知识水平和教学艺术以及自身人格魅力。因此，在新媒体监管层面，提高大学教师、辅导员自身道德水平和责任感对于提高对新媒体监管指导水平会有积极的影响。传统的教育者通常采用咨询以及谈话等方式进行大学生责任感培育。而在新媒体时代，辅导员和教师能公开个人网络平台，并利用大数据的优势开通微信公众号或建立联系群组，从而增加与学生之间的沟通和交流，同时可以监管学生在新媒体平台上是否有一些奇怪的行为或话语，做到监管与保护。同时辅导员和教师也应当根据学生的具体情况，创建高效贯通的交流平台，保证信息畅通，实现资源共享。思政教育的目的是通过传授理论知识引发学生内心共鸣，从而对具体实践行为产生正确引导。新教育方式有利于教育工作更好地开展，提高高校思想教育水平和大学生责任感培育水平。总体来看，学校及教师应挑起大学生责任感培育的大梁，学校及教师应完成大学生责任感培育的使命，认真履行新媒体监管职责。在活动开展过程中，学校和教师可以组织提升责任感意识的拓展活动，向学生有意无意地灌输责任感意识的必要性，培养学生自身的责任感意识，使其形成有担当、有主观能动性的良好责任感意识，对于培育过程中出现的管理问题也应积极寻找解决方法，认真落实大学生责任感培育目标和培育计划，整合各个主体的作用，形成教育合力。

3. 注重技术创新，增强新媒体监督管理能力

在新媒体高速发展的时代，可以利用各种网络媒介建立"互联网＋责任意识教育"项目，增强新媒体的监督管理能力。推进高校优化，以科研带动学科，以学科带动科研，形成良性循环的优化小学理念。只有努力推进教学的新媒体式发展，不断发展新型教育模式，如专业核心课程采取线上线下结合式教学，公共课和选修课采取线上教学，所有课程都提供新媒体式网络教学模式，才能真正实现对大学生责任感落实情况的有效了解、实时监管；另外，可以开通信公众号、开发 App 等，使复习、预习、做作业、预约考试等都可以通过网络资源平台实现；还需使学科建设和新媒体研究结合在一

起，促进两者的有效融合，以便于监管。虽然新媒体平台会带来一系列问题，但是也无法阻止学生接触、使用各种新媒体，所以学校应当转变观念，创新教育方式，利用新媒体平台的高速传播作用做好大学生责任感培育工作，如开通微信公众号，专门进行对大学生责任感的培育工作，传播新闻时事和正能量，让学生在开放自由的氛围下主动学习，互相沟通交流。

### （二）积极探索新媒体教育功能

#### 1. 加强高校思政队伍建设，增强思政工作的驾驭性

高校辅导员队伍是推广高校新媒体教育的主导力量，在倡导学术自由和解放的大学里，作为高校的教育者，第一步要做的是跟上时代的步伐。转变教育理念，利用新媒体技术的优势，提高培育大学生责任感的工作效率，利用新媒体平台，将时代元素融入大学责任教育课堂和学生的实际生活中，以便更好地贴近、引导和教育学生，切实提高大学生责任培育的实效性。

#### 2. 丰富校园媒体载体，拓展责任教育网络新平台

学校在对大学生进行思想教育时应做好导航工作，建立好导航系统，也就是建立内容查找和检索系统，并建立共享系统，满足学生在思想方面的需求。高校应结合自身教育资源实际情况，建立系统的、有特色的校园教育网站。高校的校园网站应当时刻关注时政，随着思想教育的发展而不断完善。高校在建立校园网站时应当遵循创新原则和针对性原则，针对本校学生发布有吸引力的活动和节目，如在校园网站中利用图片和视频等激发学生在线学习的乐趣；还可以将学校的校规校训、独特风景等发布在校园网站上，通过直接展示增强学生对校园的了解和喜爱。实际上这也是在潜移默化中传递校园风貌，促进精神文明的建设，使大学生在积极的、浓厚的氛围中主动学习，启发学生内心的情感，引起共鸣，从而达到意识培养的效果。学校应该抓住学生使用微信、微博等新媒体的机会，将传统教育媒体和新媒体相结合，创新利用教育载体，促进大学生思想教育工作更好地开展。

### （三）倡导社会——家庭责任感培育良好示范

#### 1. 新媒体弘扬社会主旋律，实现风正气爽的网络新生态

新媒体是社会信息传播和舆论倡导的重要手段，对于构建积极向上的社

会主义核心价值观风气起到关键作用。弘扬新媒体背景下的正确舆论导向也有利于实现国家网络新生态的"绿色培育"。随着现代化时代的到来，教育也要跟上现代化的脚步，加强高校思想教育与加强高校网络课程的建设是发展教育的关键一招。由于大学生正处于世界观、价值观形成的时期，社会舆论的复杂多变很容易使其思想受到影响，因此新媒体应该充分传播积极向上的主流思想，帮助大学生树立正确的思想立场和态度。

2. 重视朋辈教育引导，传递正确的新媒体使用观

在信息技术如此发达的新媒体时代，个人发展过程中朋辈群体的作用越发重要，因此其规模也日益扩大。培养和强化大学生积极的责任观应抓住新媒体时代朋辈群体的影响，运用一切有利因素强化大学生积极的责任观点。新媒体时代的迅速发展使得新媒体的公信力不断提升，再加上年轻人对传统媒体越发疏远，传统媒体公信力逐步下降。在大学生群体中，朋辈群体影响力极大，他们更愿意听取朋辈群体的观点和建议。总体来说，大学生都普遍认为应积极承担责任，认识对实践具有反作用，大学生积极的责任观会影响他们的具体实践行为，只要加以科学引导，就能促使他们做好责任行为，提升践履责任的能力。在新媒体时代如何发挥朋辈群体的引导作用，具体落实大学生责任感培育工作，本书提出以下几条建议：首先是将学生干部作为此项工作的切入点，培养他们的责任意识，依靠他们带动周围大学生群体建立积极的责任观点，并自觉加入传播行列中，利用新媒体时代发达的信息技术和传播方式让每一个人都成为文明观念的传播者，引发朋辈群体的共鸣，达到事半功倍的效果；其次是运用各种各样的新媒体平台进行传播，学生干部可以充分利用多种新媒体平台，开展积极向上的活动，让其他大学生在参与活动的过程中潜移默化地接受观念的培养；最后是培养朋辈群体对责任的正确看法，大学生最易受到身边朋友的影响，朋辈群体之间的互相激励和督促是促进大学生树立积极责任观念的重要一环。

（四）加强大学生责任感培育媒介引导

1. 加强新媒体知识自学，形成正确的媒介使用观

如今，大学生作为数字信息的传播者，在新媒体圈内起着中流砥柱的作用。大学生责任感不但决定着中国高等教育发展水平，而且对于社会的安定与繁荣有着不可忽视的影响。大学生一定要意识到使用新媒体需要良好的社

会责任感，这是一种情感态度，更是一种有担当、有追求的情感体验。意识是人脑对于客观世界的反映，是感觉、思维等各种心理过程的总和。因此，教育的真正艺术不在于课堂中教师传授灌输给学生多少知识，而在于学生从课堂中汲取了多少知识的"养分"。意识不仅可以反映客观事物，而且能够反作用于客观事物，因此处于互联网时代的大学生要通过互联网的作用来增强自己的责任心，这可以在很大程度上帮助大学生尽快建立"自觉做好自己的事情"的认识；要加强新媒体知识自学，形成正确的媒介使用观。互联网时代，新媒体与人们息息相关，每个人都可以选择成为"媒介"。因此，对于如何提升媒介素养，主要有以下几点：第一，大学生应该认清自己是学习的主体，应由被动式学习转变为主动式学习；第二，大学生离不开新媒体平台，互联网在学生的学习与生活中无处不在。在这样的情况下，大学生更应该积极主动地掌握新媒体的知识，不应该盲目地随波逐流，而要把握时机、做好准备，开创属于自己的新媒体时代，增强自身责任意识。

### 2. 提高自身媒介素养，自觉抵制不良媒介文化影响

新媒体时代是信息爆炸的时代，培育大学生责任感面临着重大挑战，当下各类伪造的不真实的信息借助网络极速传播，而这一块的监督机制又较不完善，新媒体时代在为大学生责任感培育带来机会的同时也带来了威胁。因此，大学生要想提高自身媒介素养，就要先培养对不良信息的鉴别能力，在复杂的网络信息平台中抵制伪造信息、不良信息的传播是大学生培养自身媒介素质的主要任务。

另外，大学生在懂得鉴别不良信息之后还要增强主动学习的能力。调查表明，当代大学生使用网络平台时一般都倾向于了解一些与自身相关的休闲娱乐类信息或者一些关于自身未来发展的问题，更注重个人问题而忽视思想觉悟的提高。也就是说，大部分大学生利用新媒体娱乐休闲的时间远超于提高自身修养与学习知识的时间，甚至在学习中还有很多大学生过分依赖网络资料，因而缺乏自己阅读书籍和进行学术研究的能力。因此，大学生作为即将步入社会的新一代群体，应该把新媒体用于发展自我素质和提升自身能力的方面，通过新媒体平台多了解国家政治和经济等内容，关心国家大事，不断完善自身的世界观与价值观，提高自身媒介素养，充分学习和传播有关大学生责任感培育的知识，投身于社会主义核心价值观的伟大建设中，把时代梦想和个人梦想相结合，为实现中华民族伟大复兴的中国梦贡献青春和力量。

# 参考文献

[1] 杨晓华.大学生社会责任感培育路径研究 [M].上海：上海交通大学出版社，2020.

[2] 刘峰.当代大学生社会责任感培育实证性研究 [M].北京：中央编译出版社，2019.

[3] 魏海苓.责任与担当：大学生社会责任感养成机制研究 [M].北京：知识产权出版社，2016.

[4] 黄四林.大学生社会责任感研究 [M].北京：北京师范大学出版社，2019.

[5] 吴康妮.当代大学生社会责任感及其培养 [M].重庆：西南师范大学出版社，2021.

[6] 王彦革.新媒体环境下大学生民族精神培育的对策 [J].西部素质教育，2022，8（6）：14-17.

[7] 董骐远，朱彤，李双佳等.浅谈新时代大学生网络责任感现状与培育路径 [J].经济研究导刊，2022（8）：96-98.

[8] 李鑫，刘春元.大学生社会责任感现状及培育路径研究 [J].现代商贸工业，2022，43（6）：40-42.

[9] 魏冉，高德朋，谷月.以社会救助思想涵养大学生责任感 [J].现代交际，2022（2）：114-120，124.

[10] 向锦明.当代大学生社会责任感培养路径研究 [J].公关世界，2021（24）：26-27.

[11] 陈阳.新时代大学生公民道德教育的原则与策略 [J].黑龙江教育（高教研究与评估版），2021（12）：80-82.

[12] 季国平.论大学生责任感的时代化及其实现 [J].高教论坛，2021（10）：13-16，46.

[13] 孙健，王亚楠.新时代大学生网络道德问题治理研究述评[J].吉林工程技术师范学院学报，2021，37（9）：1-4.

[14] 高伊娜.实践育人视阈下大学生社会责任感培育体系构建[J].产业与科技论坛，2021，20（16）：229-230.

[15] 韦柳.大学生责任感的培育与发扬[J].食品研究与开发，2021，42（13）：240.

[16] 叶灵珍，郑珠仙.基于志愿服务的大学生社会责任感培育探析[J].黑河学院学报，2021，12（4）：47-49.

[17] 刘春玲.大学生公民道德建设问题及对策[J].黑龙江高教研究，2021，39（4）：122-127.

[18] 周宜生.中国传统文化视域下的大学生社会责任感培育[J].吉林工程技术师范学院学报，2021，37（1）：8-10.

[19] 荆潇，郑林芝.知行合一：新时代大学生责任感培育的基本原则[J].学校党建与思想教育，2021（2）：33-35.

[20] 关术勇.良好家风对大学生道德责任感养成的意义及融入路径研究[J].黑龙江教育（理论与实践），2020（8）：53-56.

[21] 程亚运，杜贤赞.新时代大学生道德建设的四重维度[J].沈阳农业大学学报(社会科学版），2020，22（1）：81-85.

[22] 陶金花.当代大学生责任感存在问题的调查研究[J].高校辅导员学刊，2020，12（2）：88-91.

[23] 湛佳.大学生社会责任感培育策略研究[J].智库时代，2020（13）：149-150.

[24] 陶金花.当代大学生责任感影响因素研究[J].安徽工业大学学报（社会科学版），2020，37（1）：108-109.

[25] 杨月平.大学生社会责任感培育研究[J].湖北开放职业学院学报，2020，33（1）：73-74.

[26] 宋晓宇，梁富一.高校隐性教育：大学生责任感培育的视角[J].广西民族师范学院学报，2019，36（6）：130-132.

[27] 袁博.新时代大学生社会责任感培育机制探究[J].现代企业，2019（11）：118-119.

[28] 欧阳丽君.自媒体视域下大学生社会责任感破碎化问题研究[J].山西能源学院学报，2019，32（5）：19-22.

[29] 温茹.当代大学生责任感培育探析 [J].中小企业管理与科技（中旬刊），2019（10）：73-74.

[30] 雷荣珍，王永明.当代大学生社会责任感培育研究 [J].才智，2019（27）：94.

[31] 徐小慧.基于第二课堂的大学生社会责任感培育对策探析 [J].北华航天工业学院学报，2019，29（4）：48-50.

[32] 鲍秋旭.双维度视角下的大学生社会责任感问题及对策研究 [J].法制与社会，2019（23）：159-160.

[33] 武娜娜.新时代大学生社会责任感培育路径研究 [J].淮南职业技术学院学报，2019，19（4）：45-47.

[34] 陈臻.新时代大学生社会责任感培育路径探析 [J].福建教育学院学报，2019，20（7）：58-60.

[35] 唐燕飞.新时代背景下大学生社会责任感培育路径研究 [J].科技风，2019（19）：37，58.

[36] 王白丽.高校团组织增强大学生社会责任感的路径探析 [J].淮阴师范学院学报（自然科学版），2019，18（2）：157-159.

[37] 芮明珠.大学生社会责任感培育路径之研究 [J].宁波工程学院学报，2019，31（2）：129-133.

[38] 赵剑峰.高校大学生社会责任感培育思路 [J].西部素质教育，2019，5（10）：45，53.

[39] 张瑞芝，吴唐燕，马俊巍.大学生公益素养现状及培育路径研究——以中华女子学院为例 [J].北京教育（德育），2019（4）：43-45.

[40] 闫翅鲲，张宏伟.大学生社会责任感培育路径创新 [J].晋中学院学报，2018，35（6）：5-8，26.

[41] 代国丽.加强大学生社会责任感培育的对策 [J].湖北开放职业学院学报，2018，31（22）：80-81，84.

[42] 张玉萍，李富.大学生社会责任感培育的现实意义研究 [J].绥化学院学报，2018，38（6）：113-115.

[43] 王永明，刘雪崎.大学生网络公民责任意识培育对策探析 [J].黑河学刊，2018（3）：129-130.

[44] 钟凯.网络时代大学生社会责任感培育探析 [J].阅江学刊，2018，10（2）：88-92，147.

[45] 方安.大学生责任感培育内容和方法研究 [J].教育现代化，2017，4（31）：81-82.

[46] 艾楚君，宋新.大学生社会责任感生成机理及培育路径研究 [J].湖南科技大学学报（社会科学版），2017，20（1）：179-184.

[47] 于雪丽，王鹤超，王永明.大学生自我责任感培育的对策探究 [J].齐齐哈尔大学学报（哲学社会科学版），2014（6）：146-147.

[48] 王鹏，张文标.论当代大学生责任意识的缺失及教育对策探究 [J].党史文苑，2014（2）：73-75，45.

[49] 钟戌显.新时代大学生社会责任感培育研究 [D].长春：长春工业大学，2021.

[50] 王珊珊.新时代大学生社会责任感培育研究 [D].石家庄：河北师范大学，2020.

[51] 崔桓.当代大学生社会责任感及其培育研究 [D].长春：吉林大学，2019.

[52] 赵明阳.大学生社会责任感现状及培育方法研究 [D].沈阳：沈阳农业大学，2018.

[53] 赵天宇.新时代大学生社会责任感存在的问题及培养对策研究 [D].大连：辽宁师范大学，2018.